WITHDRAWN

COLLECTION POÉSIE

PHILIPPE SOUPAULT

Georgia
Épitaphes
Chansons

et autres poèmes

PRÉFACE
DE SERGE FAUCHEREAU

GALLIMARD

PRÉFACE

C'est en mars 1917, dans la revue Sic, que paraît un poème intitulé « Départ », d'un certain Philippe Verneuil. Ce nom est complètement inconnu mais, dans une revue où figurent depuis peu Guillaume Apollinaire et Pierre Reverdy, il est à sa place ; sa syntaxe est hachée, ses notations lapidaires et, par sa tonalité, il semble échappé de La Lucarne ovale publié quelques mois plus tôt par Reverdy. Il est l'œuvre d'un poète de dix-neuf ans qui publie pour la première fois ; dans un numéro suivant, la revue annoncera que ce pseudonyme recouvre le nom de Philippe Soupault, ce qui n'avance guère le lecteur pour qui ce nom est tout aussi inconnu. On sait, par ce qu'en a dit le poète, comment « Départ » s'est retrouvé là : le jeune homme l'a adressé à Apollinaire qu'il admire entre tous les poètes contemporains, et celui-ci qui n'a plus de revue pour le publier l'a confié à Pierre Albert-Birot pour sa revue Sic. Ayant rendu visite au poète d'Alcools pour le remercier, il a aussitôt été introduit dans un petit cercle d'amis poètes et peintres et encouragé à rassembler les poèmes qui ont suivi ce « Départ ». C'est ainsi que dans le courant de 1917 paraît Aquarium, le premier livre de Philippe Soupault. En novembre, dans Nord-Sud, il a l'honneur de partager avec Profond aujourd'hui de Blaise Cendrars une chronique de Rever-

7

dy où celui-ci déclare tout net : « Pour nous, Aquarium est un bon début. » Nous, c'est-à-dire lui-même, Apollinaire, Cendrars, Max Jacob et quelques autres : l'avantgarde poétique n'est pas alors bien vaste. Voici donc le jeune Soupault installé parmi ses aînés ; en retrait, il écoute mais, en fait, il n'a plus guère à apprendre d'eux. Revenons à son « Départ » :

> L'heure
> Adieu
>
> La foule tournoie
> un homme s'agite
> Les cris
> des femmes autour de moi
> chacun se précipite me bousculant
> Voici que le soir tombant
> j'ai froid
>
> Avec ses paroles j'emporte son sourire

Ce n'est sans doute pas ce qu'on fait de meilleur en 1917, mais ce n'est pas loin d'être ce qu'on fait de plus hardi. On ne connaît pas d'autres poèmes de Soupault avant « Départ » et lui-même assure que c'est le premier qu'il ait écrit, ce qui n'est pas surprenant si on se souvient que dans cette grande bourgeoisie dont il est issu, avec laquelle il n'a pas encore rompu (mais cela ne va pas tarder), on n'admet que la littérature « respectable », celle de Paul Bourget et d'Edmond Rostand, mais certainement pas cette sorte de poésie. Comment, sans transition, en est-il arrivé là ? S'il n'était que médiocrement intéressé par les études que bon gré mal gré on lui imposait, Philippe Soupault enfant et adolescent a toujours été un lecteur avide : « J'avais lu tous les livres qui me tombaient sous la main et qui n'avaient aucun rapport avec les programmes du lycée. Les contes d'Andersen et ceux des frères Grimm aussi bien que Sainte-Beuve, Gide, Rimbaud et Jules Verne, surtout Le Tour du Monde en 80 jours *que je relus plusieurs fois* » (Mémoires de l'oubli). *Mais c'est assez pour nourrir le futur poète : il n'oubliera jamais les romans de Jules Verne ni les feuilletons à deux sous où l'on suivait les aventures de Nick Carter ou de Fantomas auxquels plusieurs fois il renverra explicitement, dans toute son œuvre ; quant à Rimbaud, celui des chansons des « Fêtes de la faim » et des* Illuminations, *Soupault n'a jamais cessé de reconnaître sa dette envers lui. Avec un tel arrière-plan, c'est dans un état de stupeur hallucinée que le premier poème lui est venu tout à coup, presque automatiquement : « Un jour, dans un lit d'hôpital à Paris, je voyais la neige tomber. Je ne sais pourquoi une phrase tourna dans ma tête. Elle faisait un bruit d'insecte. Elle insistait. Quelle sale mouche ! Cela dura deux jours. Je pris un crayon et je l'écrivis. Alors quelque chose que je ne reconnus pas éclata. Une série de phrases irrésistibles coulaient de mon crayon comme des gouttes de sueur. C'était un poème. J'en étais sûr. J'écrivis un titre :* Départ » (Histoire d'un Blanc). *Lorsqu'on pense à ce qu'écrivent alors ses futurs compagnons du surréalisme, cette entrée en poésie paraît d'autant plus singulière : André Breton mallarmise, Louis Aragon donne dans une préciosité proche de Paul-Jean Toulet et Paul Éluard, après une période laforguienne, est pour lors attiré par l'unanimisme ; quant aux autres poètes — songeons par exemple à Antonin Artaud —, ils sont encore dans le sillage du symbolisme. Seul Tristan Tzara, profitant admirablement du hiatus entre sa culture roumaine et sa culture française, et de sa bonne connaissance de la poésie allemande la plus récente, a déjà pu fomenter dada à Zurich avec quelques complices et écrire quelques poèmes d'une nouveauté totale. À cette exception près, Soupault est alors le plus original de sa génération, originalité qu'il doit, somme toute, à* des lectures anarchiques qui l'ont fait passer de Rimbaud à Apollinaire, sans autres intermédiaires. Cette originalité n'existe du reste pas par rapport à ses aînés immédiats : Aquarium, Reverdy l'a bien dit, est « un bon début », mais ce n'est qu'un début. On le voit bien à son esthétique hésitante, sa propension à tâter des différentes formules en cours. En dehors de l'influence d'Apollinaire et de Reverdy, sans doute doit-on voir celle de Cendrars dans un poème un peu plus long, « Les mois », qui reprend certains vers en leitmotiv et morcelle le tissu temporel par l'alternance de temps décalés (présent, passé simple, imparfait). Les effets modernistes inspirés des recherches « cubistes » d'Apollinaire et Reverdy affectent la typographie mais restent discrets : deux ou trois poèmes ont plusieurs justifications et divers corps et caractères. Le poème « Carrefour » est un calligramme très simple ; dans les éditions ultérieures, Soupault jugera le procédé daté et naïf et abandonnera cette figuration au profit d'alinéas plus conventionnels. De la même façon, « Déception » avait d'abord paru dans Sic avec cette précision : « Poème à trois voix » ; témoignage d'intérêt pour les expériences simultanéistes et polyphoniques de poètes aujourd'hui oubliés, ce sous-titre disparaît dès la publication en volume mais explique encore la typographie particulière du poème. L'apport du jeune poète se situe sans doute dans son aptitude à changer brusquement de ton et de registre ; c'est une faculté qu'il aura toujours. Un poème comme « Souvenirs », publié dans Nord-Sud au début de 1918, mêle des motifs reverdiens et apollinariens qu'il interrompt tout à trac par une notation déconcertante et anti-poétique :

Une locomotive galope en traînant des wagons d'espoirs
coup de sifflet coup de fouet
les vapeurs lèveraient l'ancre

Voici le chant instantané des automobiles
le rire des fleurs

Je plonge dans la joie
Il y a encore tant de gens à assassiner

Cet effet, dont il usera fréquemment dans ses poèmes de 1917-1919, ne suscite plus la surprise, chère à Apollinaire, mais l'ahurissement ou la perplexité du lecteur. Si c'est un geste volontaire qui lui fait intituler facétieusement « Promenade » une ballade très libre (presque une farce car, contrairement à Breton et Aragon, Soupault ne s'intéressera jamais aux formes fixes ni même au vers régulier), c'est par contre un certain automatisme dû à sa manière de « prendre le poème comme il vient » qui y a placé des suites d'images telles qu'en donnera plus tard le surréalisme. Elles ne sont pas rares, même dans ces premiers poèmes :

Douze doigts poilus effraient quelques nuages
Une pomme de pin tape à ton chapeau

Deux voix se choquaient en rebondissant
ainsi qu'un souvenir qui grinçait des dents

Cette rapide succession des images tient éventuellement aux syncopes du jazz et peut-être davantage à l'influence du cinéma pour lequel Soupault se passionne également. Certes, il n'est pas le premier puisque déjà Apollinaire, Max Jacob, Cendrars et même Reverdy... Mais ceux-ci y voient une façon de raconter visuellement, accessible à un grand public, tandis que Soupault est plutôt sensible à une nouvelle technique d'approche de la réalité et un nouveau regard porté sur elle. Il écrit à cette époque une série de proses courtes qu'il appelle des « poèmes cinématographiques » et qui sont de véritables scénarios — alors que la série parallèle des « photographies animées » est plus proche des poèmes en prose. Le poète a prévu les

11

déplacements des personnages et leur rythme mais aussi les plans et les effets de focalisation progressive sur tel ou tel détail, comme une caméra-œil :

J'entre dans un bar.

Accoudé au comptoir, je vois un client assis seul devant une table, je regarde son bras, puis sa main et enfin ses doigts qui se referment sur son verre.

Le client se lève et sort : je le suis, je le dépasse au moment où une automobile arrive à toute vitesse. Je m'arrête pour fermer mon veston et je poursuis l'auto dans laquelle je peux sauter et dont je saisis le volant après avoir renversé le chauffeur.

Mais l'auto donne contre un mur qui s'écarte devant elle et je m'arrête enfin devant un bar. En m'accoudant au comptoir, je vois un client que je reconnais et je regarde son bras, sa main et ses doigts qui se referment sur son verre.

Rêverie après quelque feuilleton de Louis Feuillade, on est loin ici des poèmes en prose de Reverdy ou Max Jacob. D'ailleurs Soupault va s'écarter de ses aînés. C'est qu'il peut vraiment dialoguer à présent : il a rencontré André Breton au cours de 1917, par l'intermédiaire d'Apollinaire qui a émis le vœu de les voir amis. Il ne croyait pas si bien dire : Breton présente ensuite Soupault à un autre jeune poète, Louis Aragon, et ils seront désormais si inséparables qu'on les appelle « les trois mousquetaires ». Ils sont certes dévoués à Apollinaire et ses amis, ils défendent Sic, Nord-Sud *et la pièce « surréaliste »* Les Mamelles de Tirésias *(pour laquelle Soupault sert de souffleur) mais ils ont leurs idées à eux et éprouvent quelque réticence quand Apollinaire devient un peu trop cocardier. Ils s'épaulent, s'enhardissent l'un l'autre. Soupault qui vient de lire Lautréamont leur fait partager sa découverte tandis que Breton communique son enthousiasme pour l'iconoclaste Jacques Vaché.*

En 1919, Soupault rassemblera dans Rose des vents *les poèmes qu'il a écrits depuis* Aquarium. *Il n'y a pas de discontinuité entre les deux recueils mais une radicalisation des tendances spécifiques à Soupault. Ses intérêts s'étalent d'autant plus librement qu'il en partage certains avec ses deux amis : la publicité et les slogans absurdes, la peinture (un poème s'inspire d'une toile de Chirico), la musique de jazz, les feuilletons imprimés et cinématographiques : « Ce qui m'attirait dans ces ouvrages, c'était beaucoup plus l'étrange poésie, l'atmosphère mystérieuse qu'ils exprimaient que les* hauts *faits et les exploits des policiers »* (Écrits de cinéma). *On note pourtant une sorte de désabusement et le désir d'en finir avec la littérature et ce « monde ancien » dont déjà Apollinaire était las :*

A l'horizon des fumées s'allongeaient
J'ai sauté par-dessus des livres

En un portrait précis, Breton a défini le rôle de Soupault dans leur trio : « Soupault y apportait des dispositions naturelles très enviables : il paraissait, en particulier, en être quitte avec "la vieillerie poétique" que Rimbaud, de son propre aveu, n'avait jamais réussi à éliminer. Sans doute à cette heure était-il le seul (je crois qu'Apollinaire s'y forçait, d'ailleurs à longs intervalles) à laisser le poème comme il vient, à le tenir à l'abri de tout repentir... Ce qui résultait d'une telle méthode, ou absence de méthode, était d'intérêt assez variable, mais du moins valait toujours sous l'angle de la liberté, et de la fraîcheur » (Entretiens).

En novembre 1918 la paix est revenue mais le père supérieur de toute la confrérie des poètes, Apollinaire, est mort. Ni Paul Valéry ni même Pierre Reverdy ne peuvent le remplacer auprès des jeunes. Le ronron littéraire interrompu par la guerre va-t-il reprendre ? Aragon, Breton et Soupault, dont les liens se resserrent encore, s'en inquiètent et décident d'intervenir en lançant en mars 1919 le premier numéro d'une revue, Littérature, fondée avec l'argent d'un petit héritage de Soupault. On y trouve l'entourage cubiste d'Apollinaire (Salmon, Jacob, Cendrars, Reverdy) et un contingent prestigieux de la « Nouvelle Revue Française » (Gide, Valéry, Fargue, Paulhan) ; quant aux jeunes, ce sont nos trois directeurs — deux en réalité car, comme in extremis il fallait supprimer une page, c'est Soupault qui a retiré son poème, geste bien caractéristique. La revue est sobre dans sa présentation et finalement sage dans son contenu (seule une note signale la présence au loin d'un grand démolisseur, Tristan Tzara) et, comme les revues sont encore peu nombreuses au lendemain de la guerre, elle est bien accueillie — un Jean Cocteau en fait le siège pour s'y faire admettre, mais en vain car « c'est l'être le plus haïssable de ce temps », dit Breton qui, comme Soupault, le méprise. Les numéros suivants n'apportent pas de changement à cette politique de publication : des aînés de qualité, des inédits (Rimbaud, Lautréamont, Mallarmé, Cros) et quelques jeunes, ces derniers assez peu nombreux ; mais on remarque Tzara sur lequel l'équipe de Littérature fonde beaucoup d'espoir, et un certain Paul Éluard qui va peu à peu s'imposer. Les trois directeurs ont tout de même conscience de leur manque de hardiesse. Ils ont alors l'idée d'ouvrir une enquête auprès des écrivains en vue : Pourquoi écrivez-vous ? L'enquête fera quelque bruit mais on n'est pas étonné que les réponses paraissent décevantes à ceux qui l'ont lancée.

Au cours de cette année 1919 des expériences moins ostensibles ont lieu, menées par Breton et Soupault (Aragon est pour lors retenu en Allemagne) et fondées sur l'étude de Rimbaud et Lautréamont, de certaines pages d'Apollinaire et de Reverdy, et d'études scientifiques sur le délire et l'écriture (des livres de Pierre Janet en particulier). De par sa pratique antérieure, Soupault est particulièrement préparé à ce qu'on appellera l'écriture automatique. Ce n'est pas le lieu ici de rapporter la genèse des Champs magnétiques. Rappelons seulement que Breton et Soupault écrivent le livre en une dizaine de jours peu avant l'été 1919 et qu'ils en font paraître des fragments dans leur revue dès la rentrée après qu'Aragon leur a dit son enthousiasme. Non impliqué dans la rédaction du livre, celui-ci a tout de même vu dès sa première lecture qu'il représentait quelque chose de radicalement neuf. Malgré la collaboration de deux auteurs non préparés à un tel travail, Les Champs magnétiques est une œuvre étonnamment cohérente que n'entame pas le souhait tardif de Breton de distinguer entre sa participation et celle de Soupault[1], souhait d'autant plus surprenant qu'il donne sa préférence aux textes de son ami. Quoi qu'il en soit, l'ouverture de Soupault est dans toutes les mémoires :

Prisonniers des gouttes d'eau, nous ne sommes que des animaux perpétuels. Nous courons dans les villes sans bruits et les affiches enchantées ne nous touchent plus. À quoi bon ces grands enthousiasmes fragiles, ces sauts de joie desséchés ?...

C'est à juste titre que le surréalisme placera toujours Les Champs magnétiques à son origine. En fait, sa publication n'est remarquée que par quelques amis et tout continuerait comme avant à Littérature, entre des pages de Gide et de Paul Valéry. Ces jeunes gens, on leur fait confiance, on les aime bien, d'autant plus qu'ils sont séduisants : « Tous beaux, dira un journaliste, comme les grands romantiques. Breton, beau comme un chef iroquois ; Éluard, comme un mage bleu ; Aragon, comme

1. L'attribution du texte est d'ailleurs résolue depuis la découverte puis la publication du manuscrit original (éd. Lachenal & Ritter, 1984).

*un musicien de l'*Embarquement pour Cythère *; Sou-*
pault, comme un jeune grimpeur des îles-sous-le-vent. »
Mais quelque chose vient d'arriver qui va tout changer ;
ou plutôt quelqu'un : Tristan Tzara débarque en janvier
1920 à Paris. C'est un petit bonhomme pauvre et myope
mais qui a « une voix du tonnerre de dieu ». Il s'est ins-
tallé chez un autre iconoclaste, Francis Picabia. À eux
deux, ils n'auront aucune peine à convaincre l'équipe de
Littérature *qu'il faut tout chambarder, faire scandale et*
détruire pour pouvoir reconstruire autre chose. Durant
deux ans, dada va secouer le Tout-Paris des lettres et des
arts, nourrir la chronique scandaleuse de provocations et
d'attentats au goût du jour. L'histoire de dada a fré-
quemment et abondamment été contée car elle ne manque
pas de pittoresque. L'inconvénient de ces anecdoctes colo-
rées où Soupault est toujours au premier rang est de faire
oublier que, par-derrière ces esclandres, le travail com-
mencé avec Les Champs magnétiques *se poursuit et se*
poursuivra jusqu'au surréalisme. En droit fil de cette
expérience, Breton et Soupault ont d'ailleurs composé
deux saynètes, Vous m'oublierez *et* S'il vous plaît, *au*
début de 1920. Le travail collectif n'empêche pas chacun
de poursuivre des recherches de son cru. Dans le temps
où s'écrivait Les Champs magnétiques, *Aragon, dans*
Les Aventures de Télémaque *ou dans « Bouée », a*
entrepris de récrire des œuvres classiques, selon la sugges-
tion de Lautréamont. Breton, qui ne voulait plus écrire
de vers, compose des collages d'éléments pris à des man-
chettes de journaux ou à des publicités (« Le Corset Mys-
tère »), « moyen surréaliste » que proposera de nouveau
le Manifeste *en 1924. Éluard, de son côté, expérimente*
sur des formes figées comme les proverbes ; il entreprend
de les décaper, et la revue qu'il fonde en 1920, pour lui-
même et ses amis, s'intitule justement Proverbe. *En*
1921, Jean Paulhan écrit en préface à un recueil
d'Éluard : « Pour les proverbes, exemples et autres mots

à jamais marqués d'une première trouvaille, combien ce vide autour d'eux les fait plus absurdes et purs, pareillement difficiles à inventer, à maintenir. » Dans 152 Proverbes mis au goût du jour *(avec Benjamin Péret, 1925) comme dans* Les Sentiers et les routes de la poésie *(1949)*, Éluard a fréquemment marqué son goût pour la poésie populaire des proverbes, dictons, slogans publicitaires, boniments, littérature de colportage, chansons et comptines... En ce sens, on ne s'est guère avisé que celui avec lequel il partage ce goût durable et profond, c'est Soupault. Curieusement, alors que la collaboration est fréquente chez les dadaïstes et surréalistes, Éluard et Soupault n'écriront rien en commun : les deux hommes se respectaient, comme en témoignent leurs dédicaces réciproques, mais, sans doute faute d'affinités personnelles, se tenaient à distance l'un de l'autre.

En juin 1920, Littérature *publie une série d'*Épitaphes. Pour chacun de ses amis pourtant vivants — Aragon, Breton, Tzara, Fraenkel, Ribemont-Dessaignes, Éluard, etc. —, Soupault compose quelques vers à la manière des inscriptions tombales évoquant la vie et la mort de chacun. Dans une note présentant ces épitaphes pro mortem *dans la revue, Soupault affirme que «* les airs connus, les rengaines et les scies sont les meilleurs souvenirs. » Mais il imagine aussi d'autres moyens de mettre le langage conventionnel à l'épreuve. En décembre de la même année, sous le titre « Soubeyran voyage », paraît dans Littérature *une curieuse suite de poèmes. Pourquoi avoir adopté ce nom, surtout connu comme celui d'un économiste de la fin du siècle dernier ? Peu importe. L'originalité de ces poèmes est d'avoir été composés en recopiant les phrases d'un manuel de conversation à l'usage des étrangers. Il en résulte des textes proprement humoristiques selon la définition de Jacques Vaché ; Tristan Tzara dira que «* leur drôlerie est justement de n'en avoir aucune » :

17

Quel temps fait-il ?
Il fait froid.
Il fait chaud.
Nous pouvons sortir et faire une promenade.
Je ne veux pas sortir par ce temps-là.
Je crois que nous aurons de la pluie.
Au contraire, il fait très beau.
Oui, je crois qu'il pleut...

Par-delà le travail de Paul Nougé dans Clarisse Ju-
ranville *(1927) fondé sur un manuel de grammaire,
c'est aussi la méthode qu'utilisera Eugène Ionesco dans*
La Cantatrice chauve — *dont il n'est pas surprenant
que Soupault ait été l'un des premiers admirateurs.*

*Philippe Soupault a insisté sur l'impact qu'ont eu sur
lui les* nursery rhymes *(mais Mallarmé n'avait-il pas
composé tout un livre de ces comptines anglaises ?). Elles
lui avaient été apprises dans son enfance par une gouver-
nante anglaise :* « *Celle que nous appelions Miss nous a
fait aimer, à moi en particulier, ces comptines et chan-
sonnettes absurdes. Déjà le goût de l'insolite. Et je me suis
souvenu de ces* rhymes *dans certains des poèmes que j'ai
baptisés* chansons *et qui continuent à apparaître dans
mes rêves* » *(*Vingt mille et un jours*). Ses poèmes
publiés dans les années 1920 et 1921 vont souvent y faire
appel. Un recueil diversement intitulé* Chansons des
buts et des rois *ou* Chansons des buses et des rois *est
même annoncé. Il ne paraîtra pas mais c'est un genre
auquel Soupault demeure attaché définitivement. On
retrouve la* nursery rhyme « *If all the world were
paper* » *dans*

Si le monde était un gâteau
La mer de l'encre noire
Et tous les arbres des lampadaires
Qu'est-ce qui nous resterait à boire

Ailleurs ce sont des « impossibilités proverbiales », des « actes absolument chimériques », comme dira plus tard Paul Éluard. Pensons à « la semaine des quatre jeudis » et « quand les poules auront des dents » puis lisons :

Quand les éléphants porteront des bretelles
Quand les magistrats auront des chapeaux
Quand les escargots seront des chamelles
Quand les asticots boiront du Bovril
Quand les chemisiers auront des autos
Nous crierons merci ·

Ces chansons sont très nombreuses dans l'œuvre de Soupault et demanderaient toute une étude[2]. Rappelons seulement ici que le poète se recommande d'Apollinaire et de Rimbaud et que ce dernier, comme base d'une « alchimie du verbe », proposait tout un marché aux puces de la poésie propre à plaire à un surréaliste : « les peintures idiotes, dessus de portes, décors, toiles de saltimbanques, enseignes, enluminures populaires ; la littérature démodée, latin d'église, livres érotiques sans orthographe, romans de nos aïeules, contes de fées, petits livres de l'enfance, opéras vieux, refrains niais, rythmes naïfs. » Soupault a expliqué que ces chansons lui venaient presque toujours dans le demi-sommeil ; cela les rapproche de ces « bribes de monologue ou de dialogue extraits du sommeil » auxquels Breton, dans un de ses derniers textes, Le la, disait attacher « un immense prix ».

Malgré leur omniprésence, ces poèmes particuliers ne représentent qu'une partie de l'œuvre en vers de Soupault. En 1922 il publie Westwego, *un long poème entrepris quelques années auparavant. Le titre (littérale-*

2. Le sujet est développé par Philippe Soupault dans *Apprendre à vivre* (Rijois, 1977) et dans sa préface à *Chansons* (Eynard, 1949) ; cf. mon essai *Expressionnisme, dada, surréalisme et autres ismes* (Denoël, 1976), vol. 2, pp. 149 sqq.

*ment : nous allons vers l'ouest) est le nom d'une ville de
Louisiane et celui d'un pétrolier géant qu'on lance alors ;
c'est de toute façon un appel au voyage et à l'aventure à
mesure que remontent les souvenirs de l'enfance et de ses
héros favoris :*

c'est Nick Carter et son chapeau melon
il a dans sa poche toute une collection de revolvers
et des menottes brillantes comme des jurons
Près de lui le chevalier Bayard
qui lui ressemble comme un frère
c'est l'histoire sainte et l'histoire d'Angleterre
près des grands criminels qui n'ont plus de noms

*C'est aussi un hymne à l'amitié ; des prénoms trans-
parents permettent de reconnaître Breton, Rigaut, Aragon, Fraenkel, Éluard, Tzara. Dada pourtant vit ses derniers jours ; il mourra peu glorieusement dans des que-
relles marquées par la mésentente entre Tzara et Breton,
ce dernier faisant dorénavant figure de chef de file. En
1920 on avait vu arriver Éluard puis Péret et Rigaut ;
en 1921 et 1922 de jeunes écrivains comme René Crevel,
Roger Vitrac, Jacques Baron, Robert Desnos, des peintres
comme Max Ernst, Man Ray... Avant même le* Manifeste *du surréalisme ils se désigneront volontiers comme
surréalistes. La recherche collective continue plus que
jamais mais dans des domaines qui demeurent étrangers
à Soupault : sommeils médiumniques et enquêtes sur la
sexualité. Il prend un certain recul vis-à-vis du groupe
qui se constitue, voire se hiérarchise — c'est la loi de tout
groupe qui grandit en nombre. Il faut sans doute inter-
préter comme une brouille passagère entre Soupault et ses
deux amis les quatre pages blanches intitulées « Philippe
Soupault » que Breton publie en mai 1923 dans* Littérature *dont il assume seul la direction depuis septembre
1922. En 1923 Soupault fait paraître un récit,* Le Bon
Apôtre, *dont la conclusion, en rappelant la triste fin de*

dada, traduit une certaine lassitude sceptique : « *Tout est fini maintenant. J'écris des romans, je publie des livres. Je m'occupe. Et allez donc ! »*

Tout n'est pas fini ; voici le surréalisme auquel Soupault adhère au début sans réserve. Il est pourtant vrai qu'à partir de 1923 et pendant sept ou huit ans, il va se disperser en activités diverses : il publie certes des poèmes mais aussi des études et des romans (malgré l'anathème prononcé par le Manifeste), des articles (il faut bien gagner sa vie), il travaille aux éditions Kra et s'occupe de La Revue européenne *où ses amis surréalistes seront bien aise de placer des textes et où il pourra publier de la littérature étrangère dont il a toujours été curieux — comme Aragon qui, lui aussi, parle anglais et allemand couramment, il ne manifeste pas le manque d'intérêt de tant d'écrivains français pour la littérature étrangère. Rencontrer James Joyce, Hart Crane, Fernando Pessoa, Maxime Gorki ou les frères Mann lui est un vrai plaisir et voyez avec quel enthousiasme encore dans* Vingt mille et un jours : *c'est toujours le même goût pour ce qui est autre, différent, ailleurs.*

Défaut ou qualité, en vérité, Philippe Soupault n'est pas plus capable de s'astreindre à une discipline de groupe qu'il ne sera jamais capable de se lier à un parti politique. C'est un indépendant par tempérament ou par crainte du définitif, du statique. Il n'aime ni recevoir d'ordres ni en donner, sans pour autant manquer de talents d'organisateur et de découvreur : tout ce qui s'est fait à La Revue européenne, *par exemple, le prouve assez. S'il peut être l'homme de quelque équipée, il admet mal de se retrouver dans des rangs, fussent-ils surréalistes. Il a ratifié le Manifeste de 1924 mais il lui déplaît que le surréalisme s'organise en groupe fermé. Le ballet d'adhésions et de ruptures avec le parti communiste auquel se livrent ses amis en 1925-1927 le met mal à l'aise ; il a beau admirer la révolution russe, il croit alors* que ce n'est pas l'affaire de la poésie. *Aux discussions de café, il a toujours préféré le grand air et les voyages : c'est en 1924 qu'il a commencé à voyager, frénétiquement, fringale que même le grand âge ne calmera pas. Il a toujours l'air de faire plusieurs choses à la fois et évite les réunions régulières dont les surréalistes ont pris l'habitude, ce qui agace beaucoup les autres membres du groupe, exception faite de nihilistes comme Jacques Rigaut dont le sérieux n'est pas le souci. La désinvolture de* Soupault *n'épargne pas même son œuvre propre ; ses poèmes qui sont ce qu'il en valorise le plus, il les oublie dans diverses revues et on en trouvera ici quelques-uns qui, retrouvés à l'étranger ou dans d'obscures revues françaises, sont recueillis pour la première fois en volume. Quant à ses poèmes de la première moitié des années vingt, il laisse à René Laporte, éditeur d'une petite collection, le soin de les rassembler pour lui en son absence ; ce recueil,* Georgia *(1926), contient plusieurs de ses poèmes les plus célèbres. Ici une parenthèse : le poème, pour Philippe Soupault, est quelque chose de vécu ; il relève de l'instant ; il est impératif mais non pas définitif. Ses poèmes, il ne les a jamais collectionnés ; il n'aime aucune forme de collection, d'ailleurs. Qu'on me pardonne une anecdote que je crois significative : assez satisfait de mes trouvailles, je lui ai apporté récemment des poèmes de 1920-1922 qu'il avait publiés et oubliés depuis plus de soixante ans dans de vieilles revues peu accessibles. Il a pris les poèmes, les a regardés sans les lire en disant « Le Promenoir ? c'est curieux... Ah, oui, Der Sturm... Ils sont convenables au moins ? » et me les a rendus aussitôt.*

En juin 1926, dans La Révolution surréaliste, *paraît « Est-ce le vent », un beau poème qui, comme l'*Ode au vent d'ouest *de Shelley, est un appel au départ, à la liberté :*

Voilà la mer et bientôt le soleil
Voilà la mer et cette brise qui est sucrée
Voilà une dernière fois la terre
qui se secoue comme un chien couvert de puces

Ce sera sa dernière collaboration à la revue car en novembre suivant il sera « exclu » du groupe, en même temps qu'Antonin Artaud. On lui reproche de faire de la « littérature », ce qui rétrospectivement paraît fort drôle. Sur le moment, il est probable qu'il lui importait peu que la révolution surréaliste mangeât ses premiers enfants. Il avait d'autres chats à fouetter et d'abord la nécessité d'un gagne-pain — d'où des tâches ingrates dans diverses entreprises puis dans le journalisme, voire la rédaction de romans pour rembourser un éditeur, « un supplice », dira-t-il.

Jusqu'en 1930, Soupault va mener une double carrière (lui si peu préoccupé de carrière) de journaliste et d'écrivain, publiant livre après livre, passant à quelques mois d'intervalle, sans craindre le contraste, d'un récit surréaliste comme Les Dernières Nuits de Paris *(1928) à une satire réaliste comme* Le Grand Homme *(1929). Il se donne aussi le plaisir de faire connaître des œuvres qu'il admire — Henri Rousseau, Lautréamont, Apollinaire, William Blake —, entreprise que le surréalisme officiel, partisan de les « occulter » pour les seuls initiés, n'apprécie guère. Puis, devenu ce qu'on appelle grand reporter, il passe le plus clair des années trente loin de France : aux États-Unis en 1929 et 1931, en URSS en 1930 et fréquemment en Allemagne et en Scandinavie entre 1932 et 1935. Ses voyages lui ouvrent les yeux. En 1927, dans l'*Histoire d'un Blanc, *son exaltation de la Commune, son appel à la révolution étaient encore bien romantiques. À présent, l'urgence des événements qu'il suit au jour le jour l'amène à vouloir ouvrir aussi les yeux des autres. Il décrit, il témoigne, il s'enthousiasme,* il met en garde. Dans Comœdia, dès 1929, il insiste péremptoirement : « *J'affirme que le fascisme est une honte pour l'humanité.* » Où est donc le Soupault qui renâclait devant l'engagement du surréalisme sur le terrain politique ? Mais les ponts sont bien rompus avec les anciens amis ; des mondes, des mers les séparent ; l'obstination aussi, l'orgueil de part et d'autre : bien que Soupault n'ait pas voulu collaborer au pamphlet « Un cadavre » contre Breton, il a été touché plus qu'il ne veut l'admettre par la phrase dure qui le concerne dans le second Manifeste du surréalisme de 1929. Il ne se remémore pas l'ancienne amitié sans tristesse, ainsi dans Il y a un océan qui date de 1936 :

> ... Plus besoin de s'attendrir
> je suis seul comme une pierre
> Une odeur de pourriture rose et vaste
> monte du sol et dépasse l'horizon
> Plus besoin d'avoir honte
> Tout m'enseigne que dorénavant
> mes amis sont morts...

Manque de temps et désenchantement, toutes ces années-là, Soupault ne publie guère. Il rassemble cependant la plupart de ses poèmes en volume en 1937. Le petit nombre de poèmes récents, marqués par la permanence de la nuit, de l'océan, du vent, sont alors parmi ses plus poignants. Ils disent l'amer savoir qu'on tire des voyages, la solitude, l'inquiétude d'un avenir incertain :

> Voilà cette flotte de nuages
> ce grand amas noir qui grandit
> opaque et lourd
> comme un orage
> La lumière s'épaissit
> et les apparences de la nuit imposent le froid

Soupault a été très marqué par la Grande Guerre et, aux bruits de bottes et de crosses, à tous les « Allons enfants... mourir pour la patrie » qui résonnent par le monde, il sait qu'on en prépare une autre et s'indigne avec une fureur qui ne lui est pas coutumière :

Dix ans bientôt
que défilent sous mes yeux
ces imbéciles multicolores...
Entendez-vous dans les campagnes
les cris de tous ces affamés
de ceux qui veulent mourir une bonne fois
avec un sourire aux lèvres
et parce qu'on leur a dit que c'était beau...

Après l'Espagne, la Chine, c'est bientôt l'Europe et le monde qui sont gagnés par la guerre. Soupault a rarement été explicitement autobiographique dans sa poésie ; cependant, dans les poèmes de 1942-1944 affleurent les allusions à ses périodes d'angoisse ou d'espoir, aux longs mois passés en prison, au danger quotidien :

Ici Londres Parla Londra London calling
Nous nous taisions comme lorsqu'on écoute battre un
    cœur

*L'*Ode à Londres bombardée *passe pour l'une des plus belles réussites de ce qu'on a appelé la « poésie de la Résistance ». On la trouvera* in extenso *dans ce volume.*

La guerre bouleverse la sensibilité, redistribue les cartes en littérature. Même s'il a eu l'occasion de faire la paix avec André Breton retrouvé à New York en exil, Soupault se tiendra à l'écart du mouvement surréaliste reconstitué ; mais comme d'autre part il ne croit pas à la « poésie nationale » et à la prosodie traditionnelle qu'Aragon veut réinstaurer, il est bien isolé, une fois de plus. Il lui semble appartenir aux fantômes d'un autre âge : « *Comme la discrétion est la qualité naturelle des fantômes, ils n'osent pas insister, ils craignent, de peur de déranger, de reprendre cette place qui fut la leur. Alors ils errent* » (Journal d'un fantôme). *Ces lignes de 1946, malgré le sourire qu'elles impliquent, sont essentielles car elles définissent l'attitude qui sera dorénavant et définitivement celle de Soupault, à l'écart de la scène littéraire. D'ailleurs, comme par le passé, des missions culturelles diverses et la radio le tiendront loin des milieux littéraires parisiens. Jusque dans les années soixante, les voyages intensifs à travers le monde seront son plaisir, sa drogue. Aujourd'hui, dans les années quatre-vingt, ces voyages se limitent à l'Europe mais sont à peine moins fréquents.*

Durant les premières années de l'après-guerre, Soupault a continué à publier de la poésie. Puis, après la plaquette Sans phrases *(1953), s'obstinant dans un silence sceptique, il n'a plus fait paraître de poésie pendant vingt ans. Prenant son rôle de fantôme au pied de la lettre, il s'en est tenu à de petits textes pour des amis ou des recueils de souvenirs. Enfin, en 1973, il a laissé reparaître en un gros volume ses* Poèmes et poésies *qui ont marqué son retour à une vie littéraire discrète. On s'est mis à rééditer ses livres l'un après l'autre. Quant à lui, tout en continuant à rédiger ses souvenirs, il a publié, avec parcimonie, de nouveaux poèmes. Ses poèmes brefs et insolites ont d'abord été rassemblés sous le titre* Chansons *en 1949 tandis que les poèmes plus longs et d'une tonalité plus sérieuse ont paru sous le titre* Odes *(1946). Cette répartition commode en chansons et odes, Soupault l'a conservée aujourd'hui. Les premières sont dans la lignée des chansons de l'époque* Littérature :

> Voulez-vous jouer les amis
> au jeu du petit lapin gris
> ou bien au serpent à sonnette
> dépêchez-vous la mort vous guette

La plupart des secondes célèbrent des amis connus et inconnus — Apollinaire, Chagall — ou des villes aimées — Paris, Toulouse, Mexico ou Venise :

> Est-ce que la mort vous oublie
> ville du crépuscule et de la folie
> où les souvenirs ne sont que des rengaines
> quand le silence des cimetières vous étouffe

Mais pas question de figer pour soi-même des formules — « Quand on est jeune c'est pour la vie » — et en fait, surtout ces dernières années, Soupault s'est donné beaucoup de liberté avec cette trop simple classification. Il arrive que de longs poèmes graves prennent un tour de chanson ricanante. C'est ainsi qu'une sorte de thrène écrit à la mort d'Aragon change brusquement de ton pour rire jaune à la camarde sur un air de crincrin :

> Vous qui frappez à ma porte
> sachez que je ne réponds plus
> je suis sourd comme un Soupault
> et muet comme un cachalot

Vice versa, certains poèmes brefs qui affectent la forme de chansons retrouvent finalement la profonde tristesse d'une ode à la mort :

> compagne discrète et silencieuse
> qui sait mon nom mon âge mon heure
> toi qui me guettes toi qui m'attends
> nous nous rencontrerons demain
> ou dans dix ans ou dans une heure

Croyait-on que l'un des fondateurs du surréalisme, cet homme épris de liberté qui depuis longtemps avait jeté la littérature par-dessus les moulins, allait se ranger et se remettre à respecter ces règles du bon ton et des genres définis qu'il avait autrefois bousculées ? La poésie n'en a que faire, et c'est elle seule qui importe à Philippe Sou-

pault. Faire une carrière, jouer un rôle, avoir de l'influence, c'est affaire de littérature, non de poésie. Il regarde tout cela avec un haussement d'épaules : « Je crois que je n'ai jamais cherché sincèrement à trouver la sortie. C'est, comme on me l'a toujours reproché, que je ne me suis jamais pris au sérieux. C'est pourquoi sans doute on m'a oublié. Tant mieux, puisque je suis resté libre et n'ai pas eu à jouer un rôle pour lequel je n'étais pas fait. »

Serge Fauchereau

1917-1922

Aquarium

1917

AVANT-DIRE

Penche-toi
et perce la lisse surface

Oranges
bleus
gris
vermillons
glissent et nagent
mes poèmes

Tout autour de ma pensée
virevoltent
les poissons verts

DÉPART

L'heure
Adieu

La foule tournoie
un homme s'agite
Les cris
des femmes autour de moi
chacun se précipite me bousculant
Voici que le soir tombant
j'ai froid

Avec ses paroles j'emporte son sourire

CARREFOUR

III HEURES
Les voitures roulent et s'arrêtent
brusquement

LES LIGNES LUES
DEVANT MES YEUX
PASSENT ENCORE

l'appel morne
d'une corne
affole
un homme
noir

mais
le
retard

un
ré
ve
rb
èr
e

im
me
ns
e
se
dresse

Trois
enfants
courent
l'un crie

mauves violettes
amas d'oranges
vertes feuilles

Les arbres ont outrageusement revêtu
un veston vert-jaune
et les vitres claquent et tapent

Pour s'endeuiller
un monsieur chausse
des lunettes noires

Il essuie d'une blancheur ourlée
ses sueurs

REQUIEM
AETERNAM

Et le sacristain déganté
bourdonne

DONA
EIS
DOMINE

LES MOIS

Depuis des heures le soleil ne se levait pas
une lampe faible et les seize lits rangés   la routine
mais pas seulement la routine   l'esclavage
Quelques éclairs réguliers
Couché sur mon lit j'écoutais la joie des autres escla-
      ves
et le bruit de leurs chaînes
Ils passent se raidissent et chantent
Une figure se penche
Figure-toi   tu ne peux pas savoir
La nuit augmente jusqu'au lever du soleil
Une gare   une gare

L'oubli

Oh j'ai chaud
Il fut le premier médecin qui vint près de moi
HOPITAL AUXILIAIRE 172
Des regards une toux   la routine
mais pas seulement la routine l'esclavage
chaque jour un chant très doux
livres vous m'écoutiez

Il fut le deuxième médecin
Il écouta ma respiration et battre mon cœur
Ses cheveux sont noirs et gris

Au son du gramophone les jours passèrent et dansè-
       rent
la routine
mais pas seulement la routine l'esclavage
je sortis pour aller vivre
Une lettre
Le chant est plaintif aujourd'hui
elle a beaucoup de fièvre ce soir
les yeux surtout les yeux
Le roulement du métro effraya les jours qui s'en allè-
       rent
à la file indienne

Il semble que le soleil baisse
L'heure
Vingt-deux lits d'où hurlent quelques-uns
Tiens je m'assois par terre   encore longtemps
Il fut le troisième médecin
il écouta ma respiration et battre mon cœur
Allez   il était chauve
Il faut se baisser pour passer
le couloir est gris et les carreaux cassés   un
       arbre
l'herbe pousse près des murs sales
Liberté
je jette sur le boulevard toute ma fatigue
Les fenêtres ferment leurs verticales paupières
Mes souvenirs bondissent dans ce calme
farandole
et je leur prends la main

Qu'êtes-vous devenus compagnons
la brume est épaisse   aveuglante
Sans attitudes   des visages

L'autre jour vendredi je crois tu m'abordas
Tes yeux étaient pleins de souvenirs
mais tu avais perdu ton nom
Nous nous étions crispés ensemble
et je te serrai la main en y laissant ce poème

JE RENTRE

Mon chapeau se cabosse
j'entends maintenant les aboiements récents
la fenêtre m'applaudit aussitôt
et ma table sourit

je regarde au loin le bouton de sonnette
et le vent actif agace mes cheveux
l'être innombrablement ailé je le suis aussitôt
je partis oubliant mon cerveau

Rose des vents

1919

FLAMME

Une enveloppe déchirée agrandit ma chambre
Je bouscule mes souvenirs
On part

J'avais oublié ma valise

MARCHE

Le 17 février je suis parti
Où
À l'horizon des fumées s'allongeaient
J'ai sauté par-dessus des livres

Des gens riaient
Mon désir me prend par le bras
Je voudrais repousser les maisons
Aller plus vite
Le vent
Il a bien fallu que je tue mes amis

La nuit ne m'a pas fait tomber
Je me suis enveloppé dans ma joie
Le cri des remorqueurs m'accompagnait
Je ne me suis pas retourné
Il y avait tant de lumières dans la ville sonore

En revenant tout est changé
J'ai cassé mes idées immobiles
Mes souvenirs maculés je les ai vendus

RAG-TIME

à Pierre Reverdy

Le nègre danse électriquement
As-tu donc oublié ton pays natal et la ville de Galves-
    ton
Que le banjo ricane
Les vieillards s'en iront enfin
le long des gratte-ciel grimpent les ascenseurs
les éclairs bondissent
Tiens bonjour
Mon cigare est allumé
J'ai du whisky plein mon verre
mon cigare est allumé
j'ai aussi mon revolver

Le barman a tort de sourire
on ne cherche plus à savoir l'heure
la porte infatigable
les ampoules
ma main

n'est-ce pas

ESCALADE

à Louis Aragon

Il fait chaud dans le ministère
la dactylographe sourit en montrant ses lunettes
On demande le sous-secrétaire
toutes les portes sont fermées
la statue du jardin est même immobile
les machines à écrire bégayent
et le téléphone insiste
Est-ce que je vais savoir encore courir
la gare n'est pas loin
un tramway rampe jusqu'à Versailles
On m'avait dit qu'il y avait un accident tout près
    d'ici
je ne pourrai donc pas entendre le hennissement des
    nuages
La tour Eiffel lance ses rayons aux îles Sandwich

Gutenberg 24-19

HORIZON

à Tristan Tzara

Toute la ville est entrée dans ma chambre
les arbres disparaissaient
et le soir s'attache à mes doigts
Les maisons deviennent des transatlantiques
le bruit de la mer est monté jusqu'à moi
Nous arriverons dans deux jours au Congo
j'ai franchi l'Équateur et le Tropique du Capricorne
je sais qu'il y a des collines innombrables
Notre-Dame cache le Gaurisankar et les aurores bo-
    réales
la nuit tombe goutte à goutte
j'attends les heures

Donnez-moi cette citronnade et la dernière cigarette
je reviendrai à Paris

CINÉMA-PALACE

à Blaise Cendrars

Le vent caresse les affiches
Rien
la caissière est en porcelaine

                    l'Écran

le chef d'orchestre automatique dirige le pianola
il y a des coups de revolver
                              applaudissements
l'auto volée disparaît dans les nuages
et l'amoureux transi s'est acheté un faux col

    Mais bientôt les portes claquent
    Aujourd'hui très élégant
    Il a mis son chapeau claque
    Et n'a pas oublié ses gants

Tous les vendredis changement de programme

JE MENS

à André Breton

Ma chambre est meublée de souvenirs des Îles
Et la mer est tout près
Ou le métro
Un livre dit un mot
Ne me demande pas d'allumer
Vos voix sont des fleurs
Là-bas ou même ici
Vous êtes morts sans doute
Je n'entends plus
Mais quoi
Quelquefois nous marchons en parlant de la pluie ou
    du beau temps

Nous rions

À LOUER

à Philippe Soupault

Le soleil dort devant la porte
à droite ou à gauche
                              à la même heure
le vent se lève
                        la nuit vient

ENTRÉE LIBRE

les nuages se noient dans le miroir
                              à tous les étages
                        tous les murs ont des oreilles
tout près d'ici
les arbres ont des colliers de cris
les yeux au ciel
                              on perd la tête

DANGER DE MORT

DIMANCHE

L'avion tisse les fils télégraphiques
et la source chante la même chanson
Au rendez-vous des cochers l'apéritif est orangé
mais les mécaniciens des locomotives ont les yeux
    blancs
la dame a perdu son sourire dans les bois

PHOTOGRAPHIE ANIMÉE

Patiemment la pluie fend les vitres. Entrez (si vous voulez).

Les paroles vont rebondir au plafond. Le vent s'agite dans la cheminée. Elle lance des flèches qui traversent mon crâne et qui se perdent dans l'abat-jour. Je le vois maintenant : elle jongle et les paroles rebondissent.

Les arbres et les cheminées m'ont rendu sourd.

(*Sic*, novembre 1918.)

UNE HEURE OU DEUX

Les mots s'échappent par la cheminée
O
la pendule
la pendule
Dehors
Lorsque je lève la tête le portrait me sourit
le pin parasol et le parapluie
Et nous savons
qu'il y a des cris ce soir
On ferme les rideaux
le pin parasol et le parapluie
Tout de même
la lampe fait un trou au plafond
Entrez

(*L'Instant*, Barcelone, avril 1919.)

SALUTATIONS DISTINGUÉES

Bateaux lanternes sourdes
tout cela encore
et le cri des oiseaux
Bateaux allumettes gares
tout cela encore
tout cela
tout
Vous êtes là
moi aussi

(*Projecteur,* mai 1920.)

SOUBEYRAN VOYAGE

I. LE TEMPS

Quel temps fait-il ?
Il fait froid.
Il fait chaud.
Nous pouvons sortir et faire une promenade.
Je ne veux pas sortir par ce temps-là.
Je crois que nous aurons de la pluie.
Au contraire, il fait très beau.
Oui, je crois qu'il pleut.
Il pleut. Il vente.
Il tonne. Il gèle.
Il neige. Il grêle.
Il fait des éclairs.
Le ciel est clair.
Le ciel est couvert.
Quelle heure est-il ?
Il est midi.
Il est minuit.
Il est midi et dix minutes.
Une heure.
Une demi-heure.
Un quart d'heure.

II. LA CONVERSATION

Je veux faire une promenade.
Voulez-vous m'accompagner ?
Très volontiers, Mademoiselle.
Est-il permis de vous accompagner ?
Avec le plus grand plaisir, Monsieur.
Mes compliments à votre chère amie.
Au plaisir, Mesdames.
Quand viendrez-vous nous voir ?
Je viendrai vous voir demain vers le soir.
À quelle heure ?
Après le souper, vers les huit heures.
Votre ami viendra-t-il ?
Mon ami ne parle pas l'italien.
Ça ne fait rien.
Mademoiselle N., est-ce qu'elle sera dans votre
    société ?
Je ne vous ai pas vu depuis longtemps.
Vous venez chez moi si rarement !
Nous nous reverrons ce soir.
Mon mari a fait un voyage avec son frère et sa sœur.
Nous avons eu aujourd'hui une chaude journée.
Je suis fatigué.
Nous avons une belle nuit ?

III. LE LANGAGE

Parlez-vous le français ?
Parlez-vous l'allemand ?
Je suis ici depuis quelques jours seulement,
depuis quelques semaines,
depuis quelques mois.
Le pays, oh il est magnifique, je désirerais rester pour
   toujours dans ce pays.
Voyagez-vous pour votre plaisir ?
Je ne le sais pas encore.
Je veux passer l'hiver à la Riviera.
Vous faites de très belles poésies.
Vous en ferez de parfaitement belles dans quelques
   mois.
Comment avez-vous fait pour faire de si belles poé-
   sies ?
J'ai acheté un livre pour un franc ; il m'a rendu de
   grands services.
Ce livre contient tout ce dont on a besoin pour la vie
   pratique.
Dormez bien. Je vais faire une promenade.

IV. SALUTATIONS

Merci, Monsieur, ça va bien.

(*Littérature*, décembre 1920.)

CHANSON

Les cloches sonnent au printemps
L'été fait mourir les dindons
L'automne a mangé l'hiver
Qu'est-ce que vont faire les moutons

(*Le Promenoir,* mai 1921.)

CROSS COUNTRY EN DEUX ACTES

Regarder un animal dans le blanc des yeux
sans rougir
sans avoir l'air d'y toucher
en louchant si possible
en tapant du pied
en frappant des mains

(*Der Sturm*, Berlin, mars 1922.)

PLAGE PERDUE
POUR PAYER PARTOUT

L'hiver dure neuf mois
et c'est la canicule
les habitants sont rares
beaucoup sont nomades
avec des yeux mal fixés le long des rivières
dans les mains les arbres et les eaux glacées
les seules oreilles sont sur la mer
à la limite méridionale de la forêt

(*Der Sturm,* Berlin, mars 1922.)

Westwego
1917-1922

Toutes les villes du monde
oasis de nos ennuis morts de faim
offrent des boissons fraîches
aux mémoires des solitaires et des maniaques
et des sédentaires
Villes des continents
vous êtes des drapeaux
des étoiles tombées sur la terre
sans très bien savoir pourquoi
et les maîtresses des poètes de maintenant

Je me promenais à Londres un été
les pieds brûlants et le cœur dans les yeux
près des murs noirs près des murs rouges
près des grands docks
où les policemen géants
sont piqués comme des points d'interrogation
On pouvait jouer avec le soleil
qui se posait comme un oiseau
sur tous les monuments
pigeon voyageur
pigeon quotidien

Je suis allé dans ce quartier que l'on nomme White-
    chapel
pèlerinage de mon enfance
où je n'ai rencontré
que des gens très bien vêtus
et coiffés de chapeaux hauts de forme
que des marchandes d'allumettes
coiffées de canotiers
qui criaient comme les fermières de France
pour attirer les clients
penny penny penny
Je suis entré dans un bar
wagon de troisième classe
où s'étaient attablées
Daisy Mary Poppy
à côté des marchands de poissons
qui chiquaient en fermant un œil
pour oublier la nuit
la nuit qui approchait à pas de loup
à pas de hibou
la nuit et l'odeur du fleuve et celle de la marée
la nuit déchirant le sommeil

c'était un triste jour
de cuivre et de sable
et qui coulait lentement entre les souvenirs
îles désertées orages de poussière
pour les animaux rugissants de colère
qui baissent la tête
comme vous et comme moi
parce que nous sommes seuls dans cette ville rouge et
    noire
où toutes les boutiques sont des épiceries
où les meilleures gens ont les yeux très bleus

Il fait chaud et c'est aujourd'hui dimanche
il fait triste
le fleuve est très malheureux
et les habitants sont restés chez eux
Je me promène près de la Tamise
une seule barque glisse pour atteindre le ciel
le ciel immobile
parce que c'est dimanche
et que le vent ne s'est pas levé
il est midi il est cinq heures
on ne sait plus où aller
un homme chante sans savoir pourquoi
comme je marche
quand on est jeune c'est pour la vie
mon enfance en cage
dans ce musée sonore
chez madame Tussaud
c'est Nick Carter et son chapeau melon
il a dans sa poche toute une collection de revolvers
et des menottes brillantes comme des jurons
Près de lui le chevalier Bayard
qui lui ressemble comme un frère
c'est l'histoire sainte et l'histoire d'Angleterre
près des grands criminels qui n'ont plus de noms
Quand je suis sorti où suis-je allé
il n'y a pas de cafés
pas de lumières qui font s'envoler les paroles
il n'y a pas de tables où l'on peut s'appuyer
pour ne rien voir pour ne rien regarder
il n'y a pas de verres
il n'y a pas de fumées
seulement les trottoirs longs comme les années
où des taches de sang fleurissent le soir
j'ai vu dans cette ville

tant de fleurs tant d'oiseaux
parce que j'étais seul avec ma mémoire
près de toutes ses grilles
qui cachent les jardins et les yeux

> *sur les bords de la Tamise*
> *un beau matin de février*
> *trois Anglais en bras de chemise*
> *s'égosillaient à chanter*
> *trou la la trou la la trou la laire*

Autobus tea-rooms Leicester-square
je vous reconnais je ne vous ai jamais vus
que sur des cartes postales
que recevait ma bonne
feuilles mortes
Mary Daisy Poppy
petites flammes
dans ce bar sans regard
vous êtes les amies qu'un poète de quinze ans
admire doucement
en pensant à Paris
au bord d'une fenêtre
un nuage passe
il est midi
près du soleil
Marchons pour être sots
courons pour être gais
rions pour être forts

Étrange voyageur voyageur sans bagages
je n'ai jamais quitté Paris
ma mémoire ne me quittait pas d'une semelle
ma mémoire me suivait comme un petit chien
j'étais plus bête que les brebis
qui brillent dans le ciel à minuit
il fait très chaud

je me dis tout bas et très sérieusement
j'ai très soif j'ai vraiment très soif
je n'ai que mon chapeau
clef des champs clef des songes
père des souvenirs
est-ce que j'ai jamais quitté Paris
mais ce soir je suis dans cette ville
derrière chaque arbre des avenues
un souvenir guette mon passage
C'est toi mon vieux Paris
mais ce soir enfin, je suis dans cette ville
tes monuments sont les bornes kilométriques de ma
    fatigue
je reconnais tes nuages
qui s'accrochent aux cheminées
pour me dire adieu ou bonjour
la nuit tu es phosphorescent
je t'aime comme on aime un éléphant
tous tes cris sont pour moi des cris de tendresse
je suis comme Aladin dans le jardin
où la lampe magique était allumée
je ne cherche rien
je suis ici
je suis assis à la terrasse d'un café
et je souris de toutes mes dents
en pensant à tous mes fameux voyages
je voulais aller à New York ou à Buenos Aires
connaître la neige de Moscou
partir un soir à bord d'un paquebot
pour Madagascar ou Shang-haï
remonter le Mississipi
je suis allé à Barbizon
et j'ai relu les voyages du capitaine Cook
je me suis couché sur la mousse élastique
j'ai écrit des poèmes près d'une anémone sylvie
en cueillant les mots qui pendaient aux branches

le petit chemin de fer me faisait penser au transcana-
     dien
et ce soir je souris parce que je suis ici
devant ce verre tremblant
où je vois l'univers
en riant
sur les boulevards dans les rues
tous les voyous passent en chantant
les arbres secs touchent le ciel
pourvu qu'il pleuve
on peut marcher sans fatigue
jusqu'à l'océan ou plus loin
là-bas la mer bat comme un cœur
plus près la tendresse quotidienne
des lumières et des aboiements
le ciel a découvert la terre
et le monde est bleu
pourvu qu'il pleuve
et le monde sera content
il y a aussi des femmes qui rient en me regardant
des femmes dont je ne sais même pas le nom
les enfants crient dans leur volière du Luxembourg
le soleil a bien changé depuis six mois
il y a tant de choses qui dansent devant moi
mes amis endormis aux quatre coins
je les verrai demain
André aux yeux couleur de planète
Jacques Louis Théodore
le grand Paul mon cher arbre
et Tristan dont le rire est un grand paon
vous êtes vivants
j'ai oublié vos gestes et votre vraie voix
mais ce soir je suis seul je suis Philippe Soupault
je descends lentement le boulevard Saint-Michel
je ne pense à rien
je compte les réverbères que je connais si bien

en m'approchant de la Seine
                    près des Ponts de Paris
et je parle tout haut
toutes les rues sont des affluents
quand on aime ce fleuve où coule tout le sang de
      Paris
et qui est sale comme une sale putain
mais qui est aussi la Seine simplement
à qui on parle comme à sa maman
j'étais tout près d'elle
qui s'en allait sans regret et sans bruit
son souvenir éteint était une maladie
je m'appuyais sur le parapet
comme on s'agenouille pour prier
les mots tombaient comme des larmes
douces comme des bonbons
Bonjour Rimbaud comment vas-tu
Bonjour Lautréamont comment vous portez-vous
j'avais vingt ans pas un sou de plus
mon père est né à Saint-Malo
et ma mère vit le jour en Normandie
moi je fus baptisé au Canada
Bonjour moi
Les marchands de tapis et les belles demoiselles
qui traînent la nuit dans les rues
ceux qui gardent dans les yeux la douceur des lam-
      pes
ceux à qui la fumée d'une pipe et le verre de vin
semblent tout de même un peu fades
me connaissent sans savoir mon nom
et me disent en passant Bonjour vous
et cependant il y a dans ma poitrine
des petits soleils qui tournent avec un bruit de plomb
grand géant du boulevard
homme tendre du palais de justice
la foudre est-elle plus jolie au printemps

Ses yeux ma foudre sont des ciseaux
chauffeurs il me reste encore sept cartouches
pas une de plus pas une de moins
pas une d'elles n'est pour vous
vous êtes laids comme des interrogatoires
et je lis sur tous les murs
tapis tapis tapis et tapis
les grands convois des expériences
près de nous près de moi
allumettes suédoises

Les nuits de Paris ont ces odeurs fortes
que laissent les regrets et les maux de tête
et je savais qu'il était tard
et que la nuit
la nuit de Paris allait finir
comme les jours de fêtes
tout était bien rangé
et personne ne disait mot
j'attendais les trois coups
le soleil se lève comme une fleur
qu'on appelle je crois pissenlit
les grandes végétations mécaniques
qui n'attendaient que les encouragements
grimpent et cheminent
fidèlement
on ne sait plus s'il faut les comparer
au lierre
ou aux sauterelles
la fatigue s'est-elle envolée
je vois les mariniers qui sortent
pour nettoyer le charbon
les mécaniciens des remorqueurs
qui roulent une première cigarette
avant d'allumer la chaudière

là-bas dans un port
un capitaine sort son mouchoir
pour s'éponger la tête
par habitude
et moi le premier ce matin
je dis quand même
Bonjour
Philippe Soupault

GEORGIA
1926

GEORGIA

Je ne dors pas Georgia
je lance des flèches dans la nuit Georgia
j'attends Georgia
je pense Georgia
Le feu est comme la neige Georgia
La nuit est ma voisine Georgia
j'écoute les bruits tous sans exception Georgia
je vois la fumée qui monte et qui fuit Georgia
je marche à pas de loups dans l'ombre Georgia
je cours voici la rue les faubourgs Georgia
Voici une ville qui est la même
et que je connais pas Georgia
je me hâte voici le vent Georgia
et le froid silence et la peur Georgia
je fuis Georgia
je cours Georgia
les nuages sont bas ils vont tomber Georgia
j'étends les bras Georgia
je ne ferme pas les yeux Georgia
j'appelle Georgia
je crie Georgia
j'appelle Georgia
je t'appelle Georgia
Est-ce que tu viendras Georgia

bientôt Georgia
Georgia Georgia Georgia
Georgia
je ne dors pas Georgia
je t'attends
Georgia

CRÉPUSCULE

Un éléphant dans sa baignoire
et les trois enfants dormant
singulière singulière histoire
histoire du soleil couchant

UN DEUX OU TROIS

Recherchons les enfants
les parents des enfants
les enfants des enfants
les cloches du printemps
les sources de l'été
les regrets de l'automne
le silence de l'hiver

IMPAIR

Un fil se tend
une ombre descend
un papillon éclate
l'orage
un ballon
lune de miel ou d'argent
quatre à quatre

GUIRLANDE

Mercredi sur un bateau
et toi samedi comme un drapeau
les jours ont aussi des couronnes
comme les rois et comme les morts
ma main leste comme un baiser
s'appuie sur les fronts enchaînés
Une enfant pleure sur sa poupée
et tout est à recommencer
lundi et mardi sans scrupules
Ces quatre jeudis sans travail
mercure ombre du bonheur
tapis de désir
O Dimanche silencieux serpent

SAY IT WITH MUSIC

Les bracelets d'or et les drapeaux
les locomotives les bateaux
et le vent salubre et les nuages
je les abandonne simplement
mon cœur est trop petit
ou trop grand
et ma vie est courte
je ne sais quand viendra ma mort exactement
mais je vieillis
je descends les marches quotidiennes
en laissant une prière s'échapper de mes lèvres
À chaque étage est-ce un ami qui m'attend
est-ce un voleur
est-ce moi
je ne sais plus voir dans le ciel
qu'une seule étoile ou qu'un seul nuage
selon ma tristesse ou ma joie
je ne sais plus baisser la tête
est-elle trop lourde
Dans mes mains je ne sais pas non plus
si je tiens des bulles de savon ou des boulets de
      canon
je marche
je vieillis

mais mon sang rouge mon cher sang rouge
parcourt mes veines
en chassant devant lui les souvenirs du présent
mais ma soif est trop grande
je m'arrête encore et j'attends
la lumière
Paradis paradis paradis

CALENDRIER

La fumée des cigares
la chaleur des maisons
la lumière des océans et des rivières
sont nos chers compagnons
Et pourtant notre ingratitude est sans bornes
comme nos regards comme notre voix
Nous passons avec notre rire
pour mieux voir les bonheurs des dames
et les paradis des enfants
Nous ne savons pas qu'il existe quelque part
une île
un désert
pour les petits
Aujourd'hui et demain
comme deux mains croisées
supportent malgré tout la chaleur des années
Nous pouvons courir
et nous pouvons mourir
la pluie sera pour nous la chère bienvenue
son visage sanglant et ses mains croisées
supportent elles aussi la chaleur des années

LES MAINS JOINTES

Dans le ciel fument de grands vaisseaux
et sur terre il y a ce soir un homme qui écrit
près d'une bougie
avec un stylographe
Il pense aux oiseaux gris
aux valses lentes qui sont des oiseaux gris
il pense aux pays qu'il ne connaît pas
comme on pense à son chien endormi
Il sait beaucoup de choses qui n'ont pas de nom
sur la terre et dans les cieux
d'où s'envolent les grands vaisseaux
Les arbres réclament le silence et la pluie
Il y a un homme qui écrit près d'une bougie
près d'un chien endormi
et qui pense à la lune
Il y a aussi ces papillons petites réclames du paradis
maison des anges très bien mis
propriétaires de cannes élégantes
et de grandes voitures simples souples silencieuses
Les anges sont des amis
à qui l'on demande conseil pour choisir une cravate
et qui répondent tristement
Choisis celle qui a la couleur de tes yeux
Les anges disparaissent dans les flammes des bougies

et il n'y a plus que les arbres
et naturellement les animaux que l'on oublie
et qui se cachent
Ces braves savent que le silence est de rigueur
à cette heure de la nuit courageuse
à cette heure où descendent les prières
et les chansons sur des échelles de coton
C'est l'heure où l'on voit aussi des yeux
qui ne veulent pas s'éteindre
immobiles comme des séraphins
Anges de Paris prêtez-moi vos ailes
prêtez-moi vos doigts
prêtez-moi vos mains
Faut-il que je dorme encore si longtemps
et que ma tête soit plus lourde qu'un péché
Faut-il que je meure sans un cri
dans le silence que réclament les arbres
près d'une bougie
près d'un chien endormi

SWANEE

Mes mains tremblent
comme celles d'un brave garçon d'alcoolique
pour les caresses
mes cheveux tombent
comme des larmes
comme des plumes
et mes dents sont noires de colère
On voit de petits champs de courses
et de vastes champs de tabac
dans mes yeux
on voit des orangers en fleurs
des buissons de monnaie-du-pape
quand je ris
quand je pleure
on ne voit rien
Quatre Quatre Quatre
Ma vie est un bouton de nacre
Ma vie est un enfant à quatre pattes
Ces histoires que l'on raconte
et toutes celles que l'on racontera
sont longues
Comme des fumées sans feu
Et puis il y a moi
Mes oreilles sont bien à moi

Comme mes oiseaux
et posées sur le visage pour l'esthétique
On dit oui ou on dit non
et je me cache dans la fumée
de ma bonne cigarette
qui craque
et qui dit oui et qui dit non
quand j'enfile mon veston
et qu'avec toute la gravité désirable
je prends un peigne le matin
je ne regarde pas dans la glace
en disant Quel joli garçon
mais je vois une petite pendule
qui fait tac tac
et qui m'ennuie Swanee
comme le calendrier de mon grand-père

MARÉE BASSE

Je songe à tous les vents
simoun sirocco et mousson
à vous phénomènes et typhons
tandis qu'ici tout craque
et que la chaleur épaisse comme la neige
se répand dans le silence
O Lune simplicité oracle
qu'un vent de crépuscule
réduit en lucioles
O Lune tout t'abandonne
toi l'amie du silence ennemie des vents
Plus loin est-ce toi qui mènes les nuages
paître
au-delà de la nuit
tout t'abandonne tout te fuit
obéissante moins aimée
mes yeux se ferment grâce à toi
et ta douceur se répand
dans les veines de la terre
Je songe à vous absents ivres ou dormeurs
vents de terre et de mer
vous qui apprenez qu'il faut vivre
avec des ailes
ou dormir sans scrupules

quand les oiseaux vos enfants
cueillent les étoiles de la nuit et du sommeil
vents des continents
roses vous tremblez
vous qui préférez le supplice du crépuscule

FLEUVE

Couloir longitudinal des grands bâtiments souterrains
tendance obscure des lions parasites
ô lune affreuse qui court comme une grande lueur
fleuve
les sillages des bateaux sont tes cheveux
la nuit est ton manteau
les reflets qui dorment sur toi sont tes écailles
personne ne veut plus te connaître
tu coules des yeux de cette étoile inconnue
pleurs fertilisants
mais jamais nous ne connaîtrons ta source pâle
ton adorable bouche
et ton vagissement prolongé dans les champs de ta
        naissance
À chaque arbre qui se penche vers toi tu dis
Passe mon ami mon frère et regarde devant toi
les espoirs sont moisis
Il n'y a plus que ce Dieu magnifique
miséricorde
et ces grands appels là-bas très près de mon cœur
cours si tu peux jusqu'à lui
Mais ne sais-tu pas que la nuit t'étranglerait
avec ses mains sanglantes
Adieu mon frère mon ami sourd

je ne sais plus si ce fleuve qui est ton frère te reverra
jamais
Fleuve sinueux comme des lèvres
et comme le serpent qui dort dans ce gazon savou-
     reux
brebis maternelle
troupeau de lueurs

LE PIRATE

Et lui dort-il sous les voiles
il écoute le vent son complice
il regarde la terre ferme son ennemie sans envie
et la boussole est près de son cœur immobile
Il court sur les mers
à la recherche de l'axe invisible du monde
Il n'y a pas de cris
pas de bruits
Des chiffres s'envolent
et la nuit les efface
Ce sont les étoiles sur l'ardoise du ciel
Elles surveillent les rivières qui coulent dans l'ombre
et les amis du silence les poissons
Mais ses yeux fixent une autre étoile
perdue dans la foule
tandis que les nuages passent doucement
plus forts que lui
lui
lui

LE NAGEUR

Mille cris oiseaux
l'horizon trace une ligne de vie
Et les vagues visages perdus chuchotent
dans les golfes tendus comme des bras ouverts
Je suis sûr enfin d'être seul
est-ce le Nord est-ce l'Ouest
le soleil bourdonnant de lumière
rue du ciel et de la terre
je m'arrête pour savoir encore si l'été est rouge
dans mes veines
et mon ombre tourne autour de moi
dans le sens des aiguilles d'une montre
Le sommeil m'apporte les insectes et les reptiles
la douleur une grimace et le mensonge
le réveil
je flotte visage perdu au milieu d'une heure
sans secours sans appel
je descends sans conviction des marches sans but
et je continue sans regret jusqu'au sommeil
dans les yeux des miroirs et dans le rire du vent
je reconnais un inconnu qui est moi
je ne bouge plus
j'attends
et je ferme les yeux comme un verrou

Nous ne saurons jamais quand la nuit commence
et où elle finit
mais cela en somme n'a pas beaucoup d'importance
les nègres du Kamtchatka
s'endormiront ce soir près de moi
lorsque la fatigue se posera sur ma tête
comme une couronne

COMRADE

Petits mois petites fumées
et l'oubli en robe de laine
une porte s'ouvre tendrement
près du mur où naît le vent
près du jardin bienheureux
où les saints et les anges
ont peur des saisons
Les allées n'ont pas de noms
ce sont les heures ou les années
je me promène lentement
vêtu d'un paletot mastic
et coiffé d'un chapeau de paille noire
Je ne me souviens pas
s'il fait beau
je marche en fumant
et je fume en marchant
à pas lents
Quelquefois je me dis
Il est temps de s'arrêter
et je continue à marcher
Je me dis
Il faut prendre l'air
Il faut regarder les nuages
et respirer à pleins poumons

Il faut voir voler les mouches
et faire une promenade de santé
Il ne faut pas tant fumer
je me dis aussi
Calculons
je me dis encore
j'ai mal à la tête
Ma vie est une goutte d'eau sous ma paupière
et je n'ai plus vingt ans
Continuons
Les chansons sont des chansons
et les jours des jours
je n'ai plus aucun respect pour moi
mais je vois des voyous
qui fument les mêmes cigarettes que moi
et qui sont aussi bêtes que moi
Je suis bien content
sans vraiment savoir pourquoi
Il ne suffit pas de parler du soleil
des étoiles
de la mer et des fleuves
du sang des yeux des mains
Il est nécessaire bien souvent
de parler d'autres choses
On sait qu'il y a de très beaux pays
de très beaux hommes
de non moins charmantes femmes
mais tout cela n'est vraiment pas suffisant
Le vide étourdissant
qui sonne et qui aboie
fait pencher la tête
On regarde et on voit
encore beaucoup d'autres choses
qui sont toujours les mêmes
innombrables
identiques

Et là-bas simplement
quelqu'un passe
simple comme bonjour
et tout recommence encore une fois
je lis dans les astres la bonne volonté de mes amis
dans un fleuve j'aime une main
j'écoute les fleurs chanter
Il y a des adieux des oiseaux
Un cri tombe comme un fruit
Mon Dieu mon Dieu
je serai donc toujours le même
la tête dans les mains
et les mains dans la tête

STUMBLING

Quel est ce grand pays
quelle est cette nuit
qu'il regarde en marchant
autour de lui
autour du monde
où il est né
Les pays sont des secondes
les secondes de l'espace
où il est né
Les doigts couverts d'étoiles
et chaussé de courage
il s'en va
Rien ne finit pour lui
Demain est une ville
plus belle plus rouge que les autres
où le départ est une arrivée
et le repos un tombeau
La ligne d'horizon
brille
comme un barreau d'acier
comme un fil qu'il faut couper
pour ne pas se reposer
jamais
Les couteaux sont faits pour trancher

les fusils pour tuer
les yeux pour regarder
l'homme pour marcher
et la terre est ronde
ronde
ronde
comme la tête
et comme le désir
Il y a de bien jolies choses
les fleurs
les arbres
les dentelles
sans parler des insectes
Mais tout cela on le connaît
on l'a déjà vu
et on en a assez
Là-bas on ne sait pas
Tenir dans sa main droite une canne
et rien dans sa main gauche
qu'un peu d'air frais
et quelquefois une cigarette
dans son cœur
le désir qui est une cloche
Et moi je suis là
j'écoute j'attends
un téléphone un encrier du papier
j'écoute j'attends j'obéis
Le soleil chaque jour tombe
dans le silence
je vieillis lentement sans le savoir
un paysage me suffit
j'écoute et j'obéis
je dis un mot un bateau part
un chiffre un train s'éloigne
Cela n'a pas d'importance
puisqu'un train reviendra

demain
et que déjà le grand sémaphore
fait un signe
et m'annonce l'arrivée
d'un autre vapeur
j'entends la mer au bout d'un fil
et la voix d'un ami
à des kilomètres de distance
Mais Lui
je suis l'ami de l'air
et des grands fleuves blancs
l'ami du sang
et de la terre
je les connais et je les touche
je peux les tenir dans mes mains
Il n'y a qu'à partir
un soir un matin
Il n'y a que le premier pas
qui soit un peu pénible
un peu lourd
Il n'y a que le ciel
que le vent
Il n'y a que mon cœur
et tout m'attend
Il va
une fleur à la boutonnière
et fait des signes de la main
Il dit au revoir au revoir
mais il ment
Il ne reviendra jamais

ESTUAIRE

Vous les navigateurs
qui d'une seule main écartez le vent
vous qui préférez les étoiles
je vous attends près de l'horizon
je regarde votre regard et votre impatience
vous soleil doigt de Dieu
je vous brave
De loin en loin
oiseau sur la mer
un rayon comme un épi mûr
puis rien
je souris de votre moisson navigateurs
je guette votre rage et votre désespoir
vous qui criez terre à chaque aurore
et qui repartez pour longtemps
pour toujours
ainsi que vous dites aux femmes
Est-ce le sol qui vous engloutira
Est-ce votre soif qui s'apaisera
voisins du vent
j'écoute vos plaintes
Allez vous qui n'arriverez jamais
je ne vous oublie pas

AUTRE FOIS

Fidélité du soir
les yeux clos qui répondent oui
lenteur et mollesse
le soir vole
et des milliers d'ailes
ou une seule plus grande
s'étendent et font un bruit
qui élargit le silence
qui éloigne la nuit
un peu plus loin
encore un peu plus loin
Ce n'est pas le repos
mais la soif des pays froids
qui ne réclame pas
Ce n'est pas l'angoisse
le soir est un bon chien qui attend
Et puis ce vide qui cherche
ce murmure qui tournoie
ce chemin qui monte et qui descend
cet homme qui souffle la lumière
ce feu qui va mourir
tout ce qui n'existe pas
et qui est là
encore une fois
puis une autre fois

LE SANG DU CIEL

Bracelets du ciel et de la nuit
jours lointains
regards bleus
et les feuilles multicolores
refuges des reflets et des feux
Un seul mot
cœur ou sang
au loin plus près
et tout s'éteint
pour une nuit
sans rêve et sans chagrin
comme l'on dirait
à demain
avec un geste de la main
jours lointains
nuit ciel cœur et sang

MÉDAILLE D'OR

La nuit bouscule ses étoiles
Il pleut du sable et du coton
Il fait si chaud
mais le silence tisse des soupirs
et la gloire de l'été
On signale un peu partout
des crimes de chaleur
des orages d'hommes qui vont renverser les trônes
et une grande lumière
à l'Ouest
et à l'Est
tendre comme l'arc-en-ciel
Il est midi
Toutes les cloches
répondent
midi
Une attente sourde
comme un grand animal
Sort ses membres de tous les coins
il avance ses piquants
ce sont les ombres et les rayons
Le ciel nous tombera sur la tête
On attend le vent
Qui aujourd'hui doit être bleu
comme un drapeau

LARMES DE SOLEIL

Je ferme les yeux simplement
et le sang coule dans mes veines
Rien ne meurt
de ce que fut cet homme
de monsieur P
mais je n'entends plus rien
mes yeux sont fermés
le choc des secondes
le bruit des années
sont les cigales de mon âge
Tout dort ou tout s'éveille
mon cœur devient un océan
mes bras pendent
et mes mains s'étendent
pour saisir d'autres mains
Est-ce le soleil qui se couche
Est-ce le sommeil
Est-ce moi
Je ferme les yeux simplement
pour mieux voir
mon pays
mon royaume
Il n'y a plus rien autour de moi
mon pays du sommeil
que je découvre à tâtons
la reine a les yeux d'un vert spécial

presque tendre
Il y a toujours de belles forêts
qui bercent le silence
Je vois des grands chemins très blancs
comme les lignes de la main
Rien ne sert de pleurer
les larmes éternelles sont les étincelles
qui brillent et qui creusent
les yeux d'un vert spécial
presque tendre
Toutes les fumées du ciel
et tous les grains de sable
se ressemblent
et je dors tout près du soleil
ma bouche repose près d'un fleuve
qui va chantant
les louanges des femmes de ma race
celles qui le soir oublient leurs cheveux blancs
et qui laissent mourir leurs amants
en s'endormant
Le rire comme un paquebot
s'éloigne
du royaume
où naissent les étoiles
où les arbres hautains sont des prières
Le rire qui fait mal
et qui fait mal
et qui console
le rire de Dieu
Le sommeil est couché à mes pieds
et je me lève pour regarder
les yeux d'une reine
qui sont verts simplement
comme la mer où elle est née
et son royaume s'étend sur toute la terre
et sur toutes les années

ENCORE LA LUNE

Claire comme l'eau
bleue comme l'air
visage du feu et de la terre
je te salue lune lune bleue
fille du Nord et de la Nuit

LA VIE ET LE VENT
LE VENT ET LA VIE

Les boîtes où l'on range les ficelles et les clous
les morceaux de dentelles et les feuilles séchées
les os des animaux blancs comme le printemps
les cris des chiens et des hiboux
la nuit noire ou la nuit blanche
les courses sans fin et sans but
c'est l'enfance en costume de marin
c'est l'oubli des miroirs
car les miroirs cassés représentent l'oubli
l'oubli à pas de loup
qui n'est aussi qu'un plaisir fragile
à la portée de toutes les bourses
de tous les goûts
de tous les hasards
La dame de cœur et le valet de trèfle
jouent à cache-tampon
jeux qui ne sont pas pour les enfants
Le commerce n'est qu'une question de rimes
à la vanille
pour les jeunes filles
au citron pour les garçons
les plages de mon pays
tissées de sables et de galets
disent à la mer

arrêt
mais le vent courageux
ne connaît pas de voix
que celle de la pluie et des yeux
Je sens bien en somme qu'il faut toujours courir
pour prendre le vent dans ses mains
en fermant les yeux
par douceur
par ennui
Après il n'y a plus qu'à saluer le ciel
et à crier très fort
en faisant signe à tous nos ennemis
petites vagues
petits nuages
petits amis
Ils ont des gestes de fillettes
et les sourires des fleurs fanées
Ils vivent dans les étincelles
des saisons
Nos petits amis gris et tendres

DERNIÈRES CARTOUCHES

La nuit a des yeux sans prunelles
et des longues mains
Comme il fait beau
Il y a une étoile rouge
et des longs serpents nocturnes
Il fait beau
Il faut crier pour ne pas être triste
les heures dansent
Il faut hurler pour ne pas tuer
pour ne pas mourir en chantant
pour ne pas rougir de honte
et de fureur
Il faut encore mieux s'en aller
prendre sa canne
et marcher
Quand on est très énervé
et qu'on rage
Comme il fait beau
les cloches sonnent pour les trépassés
et pour la gloire des armées
tout est à recommencer
je vois malgré l'obscurité
des têtes tomber dans le panier
sous le poids de la guillotine
j'aperçois des noyés flotter

et des pendus se balancer
On entend des cris dans les hôpitaux
Comme il fait beau
On se regarde dans un miroir
pour le plaisir
et l'on se trouve vraiment très laid
mais on pense à autre chose
pour ne pas se désespérer
qu'est-ce qu'on voit
Vraiment
qu'est-ce qu'on voit
Le cimetière est ravissant
Il y a des fleurs des couronnes
des croix et des inscriptions
Comme il fait beau
Qu'est-ce qu'on entend
le soleil joue du clairon
à la porte des cafés
c'est la lutte définitive
La ville meurt au son des grenouilles
et les fleurs tombent
gravement
comme des arbres déracinés
Voici les hommes
Ils sont pâles comme des vivants
Ils portent des cravates rouges
des cannes plombées
et des journaux de toutes les couleurs
Ils s'arrêtent
et jouent
à pile ou face
Il fait de plus en plus beau
Drapeaux et musique en tête
nous courbons la tête
parce que nous sommes de plus en plus
seuls

pâles
laids
Il faut recommencer à marcher
à pile ou face
et rire de vin et d'alcool
Les cafés sont pavoisés
comme les sourires des demoiselles
avançons toujours
on verra bien ce qui arrivera
Il fait vraiment trop beau

TÊTE BAISSÉE

Une ferme un moulin une ferme
un moulin
La terre tourne dans le silence
et quelqu'un vit
et marche
et pense
Une ferme et la fumée bleue d'une cigarette
Un moulin et des yeux qui se ferment
Toutes les routes du monde
et les fleuves qui chantent
et ce ciel bleu de ciel
bleu bleu bleu
Il n'y a qu'à tourner la tête
Un moulin la terre tourne
les grands arbres tracent des ombres
Il pleut
le soir tombe
tous les jours de la terre
et la nuit qui étrangle
la nuit noire comme l'encre
et comme le sommeil

BILLES DE BILLARD

Les pas qui tracent un sentier
dans l'ombre
jusqu'au ciel
au bout du monde
où tout s'éteint
attendent
un corps sans âme
et puis rien
Guettons guettons guettons
le signal
doigt de Dieu doigt de Dieu
un feu rouge dans la nuit
et le soleil qui se lève
Bâbord on croise un navire
Attendons comme l'on rêve
et préparons dans notre bouche
le mot simple comme bonjour
Merci

RONDE DE NUIT

Frères du jour et de la nuit
j'attends vos ordres vos désirs
je n'ose pas depuis plusieurs jours
regarder dans la glace
j'écoute tout simplement
à l'affût
et je n'entends rien
un grand sac bâille
mes souliers sont à la porte
et une voix qui moud l'amour
grimpe le long du mur en fleur
j'attends toujours
et puis rien

Frères du jour frères de la nuit
est-ce moi est-ce vous
qui glissez sans trêve et sans rêve
sans merci
le long de ce grand mur taché
et qui étendez vos longues mains
à tâtons
à minuit
Frères du jour de la nuit

On frappe on regrette on désire
un corps blanc
et des yeux
des yeux des yeux
des yeux

UNE MINUTE DE SILENCE

J'abandonne ce repos trop fort
et je cours haletant vers le bourdonnement des mouches
La prophétie des mauvais jours et des soirs maigres
aboutit toujours à ce grand carrefour
celle des secondes prolongées
bondé de nuages ou de cris
On joue de grands airs
et c'est la nuit qui s'approche
avec ses faux bijoux d'étoiles
Est-ce le moment de fermer les yeux
C'est l'heure des sonneries
le grand va-et-vient des visages
et des ampoules électriques
Je n'ai pas besoin d'être seul
pour croire à la volonté à la franchise au courage
Il suffit d'un parfum couleur de tabac
ou d'un geste lourd comme une grappe
L'odeur des assassinats rôde nécessairement
Mais il y a le soir qui attend bleu comme un oiseau
Mais il y a la nuit qui est à la portée de mes mains
Mais il y a une fenêtre qui s'éclaire d'un seul coup
il y a un cri
un regard qu'on devine

un regard qui est chaud comme un animal
et ces longs appels des arbres immobiles
tout ce qui s'endort pour l'immobilité
dans la concession perpétuelle du vrai silence
et ce silence plus sincère encore d'un sommet d'om-
     bre
que les nuages baisent d'un seul coup

CRUZ ALTA

Comme un fil de soie
comme un nuage de laine
le soir descend à perdre haleine
et nous soupirons de plaisir
Un grand cri un oiseau gris
et toutes les cloches de la terre
appellent les brebis
dans les champs et sur l'océan
tous les nuages sont partis
pour le silence et pour la nuit
loin du ciel loin des yeux
près du cœur
Un homme
une croix
je ne vois pas les souris
les fourmis et les amis
Tout est gris
pour fermer les yeux
tandis que le soleil
très affectueusement
allume des incendies un peu partout
Un homme
une croix
et l'on entend les chiens poursuivre les ombres

les femmes fermer les portes des granges
les hommes boire lentement
au son d'un accordéon
et le vent tombe
comme si les routes coulaient
les maisons dormaient
les montagnes brûlaient
toutes les cloches de la terre
répondent
aux ondes universelles
C'est Madrid et sa voix de miel
Nous dormons
Nous dormons
C'est Rio de Janeiro bienveillant
Il fait un temps merveilleux
et nous attendons le paquebot
C'est Londres
Pétrolifères fermes
cuprifères indécis
Il pleut simplement
un assassinat deux vols
une conversion
C'est New York chaleureux
Tout est prêt pour le départ
Accident dans la 8e avenue
Un incendie dans l'Oklahoma
Tout est prêt
C'est Paris, c'est Paris
Nous n'oublions pas les ingrats
travaillons ou attendons
La République est en danger
Filibert de Savoie gagne le grand prix
C'est la nuit qui répond enfin
Messages
Un crapaud lourd comme une pierre joue du piano
près d'un hortensia

Les étoiles descendent en volant
lucioles et vers luisants
Les étoiles sont des étincelles
qui s'échappent du brasier
immense
que je suppose
derrière les montagnes
le silence fuit sous le vent
C'est la Nuit qui secoue les branches
messages du ciel
les oiseaux immobiles crient
les serpents s'enterrent
et les hommes ferment les volets
et les paupières
messages de la terre
c'est la Nuit qui indique la route
les sources parlent à leur tour
une lumière cligne
un train s'éloigne
messages de la mer
Tout est prêt
un homme
une croix
c'est la Nuit qui répond
Terre terre
encore une heure
on entend respirer
encore une heure
c'est le jour
c'est le soleil
Terre terre
Nous abordons

ÉPITAPHES
1919

ARTHUR CRAVAN

Les marchands des quatre-saisons ont émigré au
    Mexique
Vieux boxeur tu es mort là-bas
Tu ne sais même pas pourquoi
Tu criais plus fort que nous dans les palaces d'Améri-
    que
et dans tous les cafés de Paris
Tu ne t'es jamais regardé dans une glace
Tu as villégiaturé à l'hôpital

Qu'est-ce que tu vas faire au ciel mon vieux
Je n'ai plus rien à te cacher
La Seine coule encore devant ma fenêtre
Tes amis sont très riches

J'ai une envie folle de fumer

GEORGES
RIBEMONT-DESSAIGNES

Autour de ta tombe
On creuse des trous un peu partout
pour y planter des géraniums et des concombres
Ils fleuriront un jour ou l'autre
mais personne ne le saura
et tu seras là bien tranquille

FRANCIS PICABIA

Pourquoi
as-tu voulu qu'on t'enterre avec tes quatre chiens
un journal
et ton chapeau
Tu as demandé qu'on écrive sur ta tombe
Bon voyage
On va encore te prendre pour un fou là-haut

THÉODORE FRAENKEL

Il faisait un temps magnifique quand tu es mort
Le cimetière était si joli
que personne ne pouvait être triste
On s'aperçoit depuis quelque temps que tu n'es plus
     là
Je n'entends pas tes ricanements
Tu te tais
ou tu hausses les épaules
tu ne voudras jamais connaître le paradis
Tu ne sais plus où aller
Mais tu t'en moques

MARIE LAURENCIN

Ce bel oiseau dans sa cage
C'est ton sourire dans la tombe
Les feuilles dansent
Il va pleuvoir très longtemps
Ce soir avant de m'en aller
Je vais voir fleurir les arbres
Une biche s'approchera doucement
Les nuages tu sais sont roses et bleus

LOUIS ARAGON

Tes petites amies font une ronde
Elles t'ont tressé des couronnes
avec tes petits mensonges
Je t'ai apporté du papier
et une très bonne plume
Tu feras des poèmes pendant l'Éternité
Ton ange gardien te console
Il noue ta cravate lavallière
et t'apprend à sourire
Tu m'as déjà oublié
Dieu est beaucoup plus beau que moi

PAUL ÉLUARD

Emporte là-haut ta canne et tes gants
tiens-toi droit
les yeux fermés
les nuages de coton sont loin
et tu es parti sans me dire adieu
      Il pleut
      Il pleut
      Il pleut

TRISTAN TZARA

Qui est là
Tu ne m'as pas serré la main
On a beaucoup ri quand on a appris ta mort
On avait tellement peur que tu sois éternel

Ton dernier soupir
ton dernier sourire

Ni fleurs ni couronnes
Simplement les petites automobiles
et les papillons de cinq mètres de longueur

ANDRÉ BRETON

J'ai bien aperçu ton regard
Quand je t'ai fermé les yeux
Tu m'avais défendu d'être triste
et j'ai quand même beaucoup pleuré

Tu ne me diras plus
tout de même tout de même

Les anges sont venus près de ton lit
mais ils n'ont rien dit

C'est beau la mort

Comme tu dois rire tout seul
Maintenant qu'on ne te voit plus
ta canne est dans un coin

Il y a beaucoup de gens qui ont apporté des fleurs
On a même prononcé des discours
Je n'ai rien dit
J'ai pensé à toi

CHANSONS
1921

LORGNONS ET LUNETTES

Les sonnettes et les champignons
se marieront si nous voulons
près des ruches
les bonbons et les cigarettes
rouleront si nous les volons
en cachette
Il ne reste plus qu'à courir
avec des lorgnons
avec des lunettes

II

TOUT DE MÊME

Docteur Breton va à Gien
par un temps de chien
Il est tombé dans un trou
on ne sait où

III

VOUS ET MOI

Papillons d'eau douce
et papiers de soie
Courez sur les plages
Sans crier gare
Marchands de ciseaux
Café de Norvège
Oubliez vos doigts
Vous perdrez vos sous
Charbons de verre
Lumière d'eau
Votre train est loin
Vos mères sont brûlées
Papillons d'eau douce
Papiers de soie
Marchand de ciseaux
Café de Norvège
Charbons de verre
Lumière d'eau
N'attendez plus rien

IV

TOUTE LA VIE

De quoi croyez-vous qu'il vivait
(de victuailles et de boisson)
cet homme mûr cet homme
qui n'avait qu'une tête
qu'une tête et qu'un tronc
sur des jambes de coton

V

AU GALOP

Prends ton plus beau cheval blanc
et ta cravache et tes gants
cours à la ville au plus tôt
et regarde le beau château

Le beau château dans la forêt
qui perd ses feuilles sans regret
au galop au galop mon ami
tout n'est pas rose dans la vie

VI

DÉCEMBRE

Neige, neige reste en Norvège
jusqu'à ce que j'apprenne le solfège

POUR UN DICTIONNAIRE

Philippe Soupault dans son lit
né un lundi
baptisé un mardi
marié un mercredi
malade un jeudi
agonisant un vendredi
mort un samedi
enterré un dimanche
c'est la vie de Philippe Soupault

VIII

J'achète un fusil
tant pis
Je tue un curieux
tant mieux
Je vends mon fusil
merci

IX

FUNÈBRE

Monsieur Miroir marchand d'habits
est mort hier soir à Paris
Il fait nuit
Il fait noir
Il fait nuit noire à Paris

X

A BOIRE

Si le monde était un gâteau
La mer de l'encre noire
Et tous les arbres des lampadaires
Qu'est-ce qui nous resterait à boire

XI

BÉBÉ ET Cie

Le petit Édouard Maisonnet
vit dans sa petite maison
il pêche les poissonnets
de son ami le forgeron

VERTIGE

Charles le Musicien et sa sœur Trottinette
vont au bois, vont au bois
sans savoir où ils vont
Un éléphant veut gober le soleil
et la rivière cueillir une fleur en passant
Trottinette et son frère Charles le Musicien
où vont-ils où vont-ils
personne ne le saura personne ne le sait

XIII

LES CINQ FRÈRES

Quand les éléphants porteront des bretelles
Quand les magistrats auront des chapeaux
Quand les escargots seront des chamelles
Quand les asticots boiront du Bovril
Quand les chemisiers auront des autos
Nous crierons merci

XIV

FLEUR DE TOMATE

On ne sait jamais où aller
Assis
Debout
Couché
En avant
Accrochez les wagons

COLLECTION

Apportez les balais
Il y a les couleurs des petits poissons
Il y a les petites automobiles
Il y a les épingles de sûreté
Il y a les chapeaux hauts de forme
Il y a Monsieur X...
Il y a encore les kiosques à journaux
Il faut savoir en profiter

XVI

PRÉFÉRÉS

Vous qui nagez
Vous qui flottez
têtards mes seuls héritiers

Je vous donne des ailes
un marteau
de la dentelle

Courez vers elle elle
votre sœur
ma demoiselle

CHANSON DU RÉMOULEUR

Donnez-moi je vous prie
vos ciseaux
vos couteaux
vos sabots
vos bateaux
Donnez-moi tout je vous prie
je rémoule et je scie

Donnez-moi je vous prie
vos cisailles
vos tenailles
vos ferrailles
vos canailles
Donnez-moi tout je vous prie
je rémoule et je scie

Donnez-moi je vous prie
vos fusils
vos habits
vos tapis
vos ennuis
je rémoule et je fuis

1920-1937

SERVITUDES

Il a fait nuit hier
mais les affiches chantent
les arbres s'étirent
la statue de cire du coiffeur me sourit
Défense de cracher
Défense de fumer
des rayons de soleil dans les mains tu m'as dit
il y a quatorze

J'invente des rues inconnues
de nouveaux continents fleurissent
les journaux paraîtront demain
Prenez garde à la peinture
J'irai me promener nu et la canne à la main

MARGIE

Je laisse sans regret s'écouler les injures
et je passe mon chemin
au bord duquel les doux les serviables
plantent sans impatience
ces arbres magnifiques du mépris
Je suis seul avec mes jouets
tête genoux et rire
laissés de côté par mes commerçants
je suis seul c'est une façon de parler
dans une chambre qui est ma chambre d'hôtel
et je reconstitue le massacre des Innocents
en égorgeant sans volupté mes souvenirs
Je vous préviens
mes larges mains sont pleines de sang
Il ne s'agit plus maintenant d'avoir peur
Voilà un homme
Je vois qu'il porte une pelisse de fourrure
un chapeau haut de forme
et de grands souliers pointus
Il mâche un cigare mince
et marche à grands pas
Mais où va-t-il
toute la question est là
mais il n'en sait rien Monsieur

Il passe son chemin
en invoquant le Seigneur

et en criant

Suis-je donc si léger que la terre tout entière
roule sur mes épaules
s'appuie comme un bandeau
sur mes yeux rouges de haine

Eux
Les hommes dont le cœur bat trop fort
et pour qui l'air d'une ville
devient irrespirable
qui savent qu'ils ne peuvent plus tenir
qu'une heure
mais qu'après tout sera fini
qui s'en vont lentement
sans craindre de regarder derrière eux
sans fermer les yeux
en écartant les bruits qu'ils n'ont pas encore oubliés

Eux
que la fièvre et la soif dominent
qui préfèrent l'eau à n'importe quelle vie
Suis-je déjà aussi léger qu'eux tous

Cette haine sourde comme un puits
qui est là
entre mes doigts
entre mes yeux

entre mes dents
et qui frappe chaque seconde
vais-je continuer à jouer avec elle
et à regarder le ciel d'un air indifférent
quand je sais qu'il faut qu'il tombe sur ma tête
Suis-je donc si léger qu'il faut qu'il tombe sur ma
       tête
Suis-je donc si léger qu'il faut que je dorme
pour ne pas voir mes mains
ou faut-ii les couper pour ne plus les aimer
léger comme la pluie
léger comme le sable
léger comme le feu
je sens la terre qui s'éloigne de moi
mais il me reste mes deux yeux
pour creuser toutes les tombes du monde
et mon vieux brave de cœur où il reste tout de même
       encore assez de sang
pour me désaltérer de temps en temps

POÈMES DE SAINTE-PÉLAGIE

I

Mercredi sur un bateau
et toi samedi comme un drapeau
les jours ont des couronnes
comme les rois et comme les morts
ma main leste comme un baiser
s'appuie sur les fronts enchaînés
Une enfant pleure sa poupée
et tout est à recommencer
Lundi et mardi sans scrupule
les quatre jeudis sans travail

II

un fil se tend
une ombre descend
un papillon éclate
chrysalide ou ver luisant

III

Qui remonte
l'orage
un ballon
lune de miel ou d'argent
Quatre à quatre
Recherchons les enfants
les parents des enfants
les enfants des enfants
les cloches du printemps
les sources de l'été
les regrets de l'automne
le silence de l'hiver
un éléphant dans sa baignoire
et les trois enfants dormant
singulière singulière histoire
histoire du soleil couchant

EST-CE LE VENT

Est-ce le vent qui m'apporte tout à coup
ces nouvelles
Là-bas des signaux des cris
et puis rien
la nuit
C'est le vent qui secoue et qui chante
Il traîne derrière lui tout un fracas et une lente pous-
        sière
quelque chose de mou
quelque chose qui est la paresse
une de ces méduses mortes qui pourrissent
en crachant une odeur rose
C'est le vent qui pousse ces pauvres bateaux
bleus
et leur fumée
qui secoue ces arbres malheureux
et c'est lui encore qui enivre les nuages
Il rase l'herbe
Je sais que c'est lui qui pousse jusqu'à moi
cette morne lumière et ces ombres sanglantes
C'est lui toujours qui fait encore une fois
battre mon cœur
Ainsi ce coup de poing que j'entends et qui frappe une
        poitrine nue

ce galop de chevaux ivres d'air
Il découvre le chemin qui mène là-bas
dans ce pays rouge qui est une flamme
Paris que je vois en tournant la tête
Il me pousse en avant
pour fuir cet incendie qu'il alimente
Je m'accroche au bord de cette terre
j'enfonce mes pieds dans le sable
ce sable qui est une dernière étape
avant la mer qui est là
qui me lèche doucement comme un brave animal
et qui m'emporterait comme un vieux bout de bois
Je ne lutte pas
J'attends
et lui me pousse
en soufflant toutes ses nouvelles
et en me sifflant les airs qu'il a rapportés de
là-bas
il s'écrie que derrière moi
une ville flambe dans le jour et dans la nuit
qu'elle chante elle aussi
comme au jugement dernier
Je jette tout mon poids sur ce sol chaud
et je guette tout ce qu'il dit
Il est plus fort
Mais lui cherche des alliés
il est plus fort
il cherche des alliés qui sont le passé et le présent
et il s'engouffre dans mes narines
il me jette dans la bouche une boule d'air
qui m'étouffe et qui m'écœure
Il n'y a plus qu'à avancer
et à faire un grand pas en avant
La route est devant moi
Il n'y a pas à se tromper
elle est si large qu'on n'en voit pas les limites

seulement quelques ornières qui sont les sillages des
    bateaux
cette route vivante qui s'approche
avec des langues et des bras
pour vous dire que cela ira tout seul
et si vite
Cette route bleue et verte
qui recule mais qui avance
qui n'a pas de cesse et qui bondit
Et lui toujours qui siffle une chanson de route
et qui frappe dans le dos
et qui aveugle pour que l'on n'ait pas peur
Moi je m'accroche au sable qui fuit entre mes doigts
pour écouter une dernière fois encore
ce tremblement et ces cris
qui font remuer mes bras et mes jambes
et dont le souvenir est si fort
que je veux l'écouter encore
que je voudrais le toucher
Et lui ne m'apporte qu'un peu de ce souffle
un peu de la respiration du grand animal
bien aimé

Encore trois jours sur cette terre
avant le grand départ comme l'on dit
Me voici tout habillé enfin
avec une casquette et un grand foulard autour du cou
les mains rouges et la gueule en avant
Me voici comme un grand lâche
qui oublie tout
et qui sait encore tout de même
que les autres dans le fond derrière
derrière les forêts et toute la campagne
au milieu de leur ville qui bouge comme une toupie
les autres les amis ont le mal de terre

et ils sont là qui attendent on ne sait quoi
un incendie ou bien une belle catastrophe
ces autres que j'oublie
Comme s'ils étaient déjà morts
pâles et crachant ce qu'ils appellent leur âme
je renifle moi pendant ce temps-là
avec mon nez en coupe-vent
l'odeur du sel et l'odeur du charbon
Encore trois jours et voici la mer
que je vais toucher avec mes pieds de coton
et puis il y aura là-bas plus loin derrière
un morceau de verre
qui deviendra un fil de verre
ou un nuage
on ne saura plus très bien
On aura juste le temps de regarder une fois
et de dire au revoir
et puis il n'y aura plus rien du tout
la terre sera couchée
et la mer s'élèvera dans l'aube bleue
Encore trois jours pour penser à ceux qui restent
et qui étaient comme des membres
qu'on ne pouvait détacher de soi
sans souffrir
et voilà
voilà mon cœur qui se brise en mille morceaux
à cause de l'éclatement de l'impatience
et qui devient comme un peuple de fourmis
que tout l'air rend ivres

Trois jours que cette tempête crache et vomit
tout ce qu'elle a avalé sur sa route
trois jours que rien n'est plus sacré
pour ceux qui étaient bien tranquilles
au coin du feu

et qui maintenant ont peur
que tout ce qu'ils possédaient
leur dégringole sur le crâne
Trois jours que cette mer qui sifflait
pour charmer les voyageurs
se bat
contre cette terre qui allait la nourrir
et qui se dresse aujourd'hui pour chasser
tous ceux qui voulaient oublier
leur pays
Maintenant il semble qu'une heure
une treizième heure
ait sonné
et on ne l'attendait pas
Tout ce monde qu'on allait quitter
tremble et rage
et puis celle qui semblait si bonne
si douce
a pris une grande colère
on la voit qui serre ses milliers de poings
et qui les jette en avant
pour faire peur
Alors il faut attendre encore
attendre les secondes et les journées
qui glissent tout de même
On n'a plus besoin de s'accrocher
ni au sable ni à la mémoire
on est cloué là comme un vieux papier
contre un mur
On regarde ce qui se passe dans la rue
à travers la vitre d'une fenêtre
on en ferme les yeux
et on entend le morceau de musique
que joue le vent
avec ses coups de rafale
et ses flûtes dans les fentes

166

Allons allons on trouvera bien de quoi se consoler
Ce n'est pas la peine tout de même de se tourmenter
de croire que tout cela va finir d'un seul coup
on rira encore un peu et puis on boira beaucoup
tellement que la terre et la mer
tourneront
comme elles le font tous les jours et toutes les nuits
Allons allons ce n'est pas la peine de pencher
la tête et de se dire comme je suis malheureux
et de faire des choses et des choses
qui ne serviront pas
On n'a qu'à se laisser glisser
comme ça
Dans le sommeil et dans la fatigue
et puis oublier tout ce vent
qui rage
parce qu'il est tout de même impuissant
et qu'il ne fera pas cette fois encore
crever la terre
Allons allons mettons nos gants
nos manteaux et nos drapeaux
en attendant la pluie et la nuit
en attendant le départ
Voilà la mer et bientôt le soleil
Voilà la mer et cette brise qui est sucrée
Voilà une dernière fois la terre
qui se secoue comme un chien couvert de puces

UNE HEURE

Voici des cerveaux voici des cœurs
voici des paquets sanglants
et des larmes vaines et des cris
des mains retournées
Voici tout le reste pêle-mêle
tout ce que regrette l'agonie
Le vent peut bien souffler furieusement
en gesticulant
ou siffler doucement comme un animal rusé
et le temps s'abattre
comme un grand oiseau gris
sur ce tas où naissent des bulles
Il ne reste après tout
que cette cendre sur les lèvres
ce goût de cendre dans la bouche
pour toujours

CONDAMNÉ

Nuit chaude nuit tombée
Temps perdu
Plus loin que la nuit
c'est la dernière heure
la seule qui compte
Forces diluées nuit secrète
alors que le moment est proche
et qu'il faut enfin encore
se pencher vers cette ombre
conquérante
vers cette fin vers ce feu
vers ce qui s'éteint
Souffles silences supplices
Un peu de courage une seconde
seulement
et déjà s'achève cette lenteur
une lueur perdue
Vents du ciel attendez
un mot un geste
une fois
je lève la main
on croirait que la bataille
commence et c'est
au fond

plus loin peut-être
le son du galop
d'une cloche
oubliée
oubliée

NOYADE

La colère bondit hors du temps suspendue
figure de proue
et sur l'horizon espace des définitions
se pose le grand oiseau avec un cri
Elle s'attache à la lumière
s'échappe
et monte vers le soleil cible
La colère vers le soleil
ce cri d'oiseau
ce ne sont pas les fleurs
fanées signaux de mort certaine
ni ces millions de graines
qui fixent cet océan familier
mais insatiable
Ils sont là devant lui
les poings serrés
avec un paquet de cris dans la bouche
devant lui qui rit de toutes ses vagues
Ils sont tous là
tous
qui ne savent plus rien faire
même plus regarder
ils ferment aussi les yeux
et devant eux ce corps qui s'allonge

vers la mort
vers une mer rouge
toute neuve
Ils n'osent pas regarder
mais ils songent à ce grand reflet
couleur de rose
qui s'étire et qui est l'image de leur mort
un souvenir déjà un avenir
Le grand oiseau gris étend ses ailes
et donne le signal du départ
le signal de la terreur
Là-bas on attend
des vagues tendent leurs muscles
pour recevoir pour aimer
pour posséder ce corps
l'engloutir
avec un râle de joie
celui qui porte la couronne
l'oiseau
et cette colère qui rejoint le soleil
qui sombre
ne sont plus que des jets d'eau
des lumières
des larmes peut-être
et la nuit enfin

Étapes de l'enfer

1932-1934

je n'ai confiance que dans la nuit
ombre où les murmures promettent
l'éternité
je n'ai plus honte
je vois et j'appelle
je crie
Tout se tait
et tu apparais triomphante nue
les bras tendus heureuse
tu dis alors alors
et je suis ton ombre
j'écoute et j'obéis
le silence t'appartient
et je suis le silence
Je te retiens
tandis que le monde s'évanouit
un nuage
Tu demeures
tu es la nuit
la nuit tout entière
dans l'espace et le temps confondus
tu es la vérité
oh incendie
flamme qui s'empare et conquiert

qui d'un seul coup d'un regard
envahit
Oh toi
Tes mains saisissent et donnent
l'oubli
Oh diamant oh source
Métamorphose
Je n'ai confiance que dans la nuit
Je n'ai confiance qu'en toi
dont le nom
a la forme de tes lèvres
Nuit
Toi nuit

VAGABOND

Je n'écoute et je ne vois plus rien
que ce nom qui là-bas scintille
et qui murmure et qui éclate
et qui s'approche
plus rien si ce n'est cette chanson
qui s'enroule autour de ton nom
Ni la distance ni ce temps
qui passe comme le vent et la pluie et les nuages
ne peuvent couvrir
cette tempête au fond de moi
O sang qui bat cœur qui halète
corps vagabond
                       et vous mes mains
tremblantes écumantes dociles
sources
vous bondissez vers cet océan imbécile
immobile et sournois
vous écartez ces heures
molles draperies
pour atteindre
cette nuit ce jour cette nuit
et j'attends

LA PROIE

Le chien qui crie au fond de moi
attend sa proie
et ce n'est que ce souvenir
cette main douce
qui le chasse
Chien perdu
aux yeux sans larmes
que la nuit guette
cette nuit peuplée de cette foule
qui n'est qu'un seul visage
qu'un seul appel
qu'une seule ombre
Chien peureux chien malheureux
fuyard vaincu
qui ne sait qu'aboyer
à la mort
pour se consoler

VERS LA NUIT

Il est tard et déjà
dans l'ombre et dans le vent
un cri monte avec la nuit
Je n'attends personne
plus personne
pas même un souvenir
L'heure est passée depuis longtemps
mais ce cri que le vent porte
et chasse devant lui
vient de plus loin
de plus haut qu'un rêve
Je n'attends personne
et voici la nuit
couronnée de feux
de tous les yeux des morts
silencieux
Et tout ce qui devait disparaître
tout ce qui était perdu
il faut le retrouver encore
plus haut qu'un rêve
vers la nuit

MANHATTAN

Trois jours encore trois jours
et ce monde s'éclaire
les siècles trois par trois se succèdent comme des nua-
    ges
et voici qu'au loin une terre
s'illumine
Rivages sans feu sans hommes
à peine le regard des loups dans la nuit
l'ombre des oiseaux sur les plaines
Plus loin encore des forêts noyées
des arbres morts
des insectes abandonnés
Trois jours encore
et tout cela m'appartient
je guette ces ombres
et l'océan tourne sur lui-même
ivre et fou
enchaîné par le vent

Une nuit une autre nuit
il faut attendre
que l'explosion d'un ordre
fasse jaillir

ce continent
qui se confond avec le soleil
L'ancre est jetée
l'eau coule vaincue
et dans le jour trop vaste
les nuages pétrifiés s'élèvent vers le ciel
Ce n'est encore que ton reflet
New York
que ta fumée qui te dépasse
que ton mirage et que ta destinée
Trois siècles depuis cette seconde de ta naissance
et tu es devant moi
ô révolte
Impossible de reculer désormais
Il faut avancer vers cet aimant
vers cette cloche vers ce cri
et nous entrons dans ce temple
construit par la mère des pieuvres
vers cette maladie cette fièvre
qui miaule et gronde
et nous sommes au seuil de cette espérance
terrible comme la soif
Ville du jour et de la nuit
qu'une chanson fait sourire
et que le tonnerre n'effraie point
ô unique
infatigable
Tu es cette main grande ouverte
pointée vers les étoiles
que tu reflètes mille fois
main liquide
pleine d'azur et de boue
offerte à la tempête à l'exilé au hasard
et qui menace
insensible et tendre
comme une flamme seule et blanche

je me souviens de cette petite rue
où jouaient tous ces enfants perdus
au son d'un orgue de Barbarie
dans le soleil et le vent
une sirène jetait un cri
éveillait l'énorme mugissement
les inquiétudes
la détresse
Une hâte merveilleuse s'emparait des passants
Tout fuyait vers cet inconnu
vers ton cœur
ce drapeau cette trompette
on attendait le miracle quotidien
la lutte de la poussière et du bruit
les géants résolus à mourir
le feu surtout le feu
Cette crainte rôdait
chaque minute promettait un incendie
et seule une rumeur sans cesse répondait
à cette angoisse
à ton angoisse
qui bat dans tes millions de cœurs
ville grande comme une catastrophe
dont l'odeur est un regret tenace
Je te poursuis
dans les squares
où viennent s'abattre les vaincus du jour
oiseaux semblables à l'écume
perdus pour toujours
honteux de la défaite sans aveu
jamais
L'air vibre
et l'océan crie ton inquiétude
Car ceux qui entrent par ces portes d'ombre et de
    feu
ne se reposeront plus

Les joies petites comme des gouttes d'eau
le quart d'heure de grâce
et cette volupté d'une seconde perdue
Tout ce que le temps apporte et ne reprend plus
Tout est défendu
pour tous
Il n'y a que la victoire
quotidienne
celle que l'on remporte à chaque heure
et qui chasse le loisir
âprement
comme une mauvaise habitude
Tous tes muscles sont bandés
New York victorieuse
siècle fumée
et voici devant toi
lointain comme ces nuages solitaires
ton destin
qui est comme l'hésitation au bord d'un précipice
le vide qui sépare la nuit du matin
comme le doute que rien n'apaise
comme le feu qui s'élance
comme le silence et l'espoir et la folie
Tout s'éteint
quand on prononce le mot
qui était ta vie
Tout se tait
malgré ton appel
malgré ta voix qui s'élève
quand il s'agit de ce mot
demain
Ce n'est pas ce crépuscule drapé de gloire et de pour-
      pre
Ni cette défaite que la lutte exigeait
Ni ce désespoir qu'un chant magnifie
rien que cette crainte qui rampe et qui plane

qui cerne qui monte de la terre qui se gonfle
invisible
et qui murmure
cette crainte que l'on ne peut vaincre ni tromper
Inconnue
mais que ton passé limite et provoque
ô New York
qui attend et qui espère
la plus grande catastrophe de tous les temps
le signal d'un nouveau siècle
et de la fin d'un monde

Voilà cette flotte
empanachée de fumées
entourée de cris et d'ombres
qui s'approche
comme si c'était la nuit
et personne encore ne veut voir
personne n'ose jeter un coup d'œil
mais déjà se propage et s'insinue
vers les hauteurs
qui se glisse dans chaque maison
perce chaque oreille
et inonde tout le continent
Voilà cette flotte de nuages
ce grand amas noir qui grandit
opaque et lourd
comme un orage
La lumière s'épaissit
et les apparences de la nuit imposent le froid

VIRGINIE

Désormais pour moi
les nattes que tresse la fumée
retiennent les souvenirs
de tes collines ô Virginie
douces comme le sang
tiède
et le vol de ce corbeau jamais plus
qui se pose encore près d'une tombe
Un oiseau dont je ne sais pas le nom
tutoie le ciel
où se reflètent les sources
et élargit l'horizon
Vol fumée ombres
que chasse le soleil
et qu'attire ce chant
à peine écouté
Est-ce le murmure qu'une cigarette
confie à mes lèvres
et qui rôde dans tes champs de tabac
ô Virginie

Sang Joie Tempête
1934-1937

Rien que cette lumière que sèment tes mains
rien que cette flamme et tes yeux
ces champs cette moisson sur ta peau
rien que cette chaleur de ta voix
rien que cet incendie
rien que toi

Car tu es l'eau qui rêve
et qui persévère
l'eau qui creuse et qui éclaire
l'eau douce comme l'air
l'eau qui chante
celle de tes larmes et de ta joie

Solitaire que les chansons poursuivent
heureux du ciel et de la terre
forte et secrète vivante
ressuscitée
Voici enfin ton heure tes saisons
tes années

L'automne sur le toit fait un bruit de pigeons
l'or coule
Il est midi
Les arbres ont peur
La mort vole
L'odeur de l'agonie
comme une trop lente musique
sème des gouttes de sang
une femme dort
près d'une fleur gonflée d'eau

ALORS

Il serait doux de mourir
si la lumière d'un seul coup ne montait
vers cet instant
si cette aurore qu'on n'attendait plus
n'apparaissait très loin
dans le silence
J'écoute et j'attends
des yeux immenses et cette voix
qui sans larmes
affirme
qu'enfin le temps est venu
d'espérer
Alors les cloches
les mille cloches
de l'espace et du temps
annoncent ce jour éclatant
cette vérité
qu'il faudra toucher
toujours et toujours
qu'il faudra porter
une fois encore
qu'il faudra nourrir
Il est temps de connaître
et de respirer

de prendre et de souhaiter
Les mots qui tournent
les gestes
la nuit même
et cet océan identique
ce chaos
il faut tout oublier
pour reprendre
dans la lumière éternelle
cette joie
qui tremble dans un regard
qui se réfugie dans des mains
pour vivre encore
un jour
une vie
Il sera doux de mourir
alors
Je donne une goutte de sang
la dernière lueur au fond du ciel
et la musique du crépuscule
je ne veux plus pour moi
que ce regard
cette source qui donne faim et soif
je laisse derrière moi
les routes les maisons les cris
tout ce que je nommais
pour ces deux mains tendues
en avant
ces mains comme des étoiles
qui montrent le chemin
Je méprise les jours d'or
les enthousiasmes les drapeaux
et cet exil heureux
le matin et le soir
Désormais
c'est la nuit tout entière

l'ombre, le silence
pour qu'une voix monte
enfin
cette voix cette vie
profonde
l'oubli de ce qui peut finir
de ce qui est fini
déjà
Je veux entendre
cette voix qui répète mon nom
dans le silence
et dans la solitude
indéfinis

LA BOUÉE

Foutez-moi à la mer
mes amis
mes amis quand je mourrai
Ce n'est pas qu'elle soit belle
et qu'elle me plaise tant
mais elle refuse les traces
les saletés les croix les bannières
Elles est le vrai
silence et la vraie solitude

Pour un peu de temps
celui qui me reste à vivre
nous savons mes amis
que l'odeur qui règne
autour des villes
est celle des cimetières
que le bruit des cloches
est plus fort que celui du sang

Foutez-moi à la mer
mes amis
il y a de la lumière et du vent

et ce sel qui ronge tout
qui est comme le feu
et comme les années
La mer ne reflète rien
ni les visages ni les grimaces

Je ne veux pas de ces longs cortèges
de ces femmes en deuil
des gants noirs
et de tous ces bavards
Rien qui rappelle ces ombres
ces larmes et ces oublis
La mort est mon sommeil
mon cher sommeil

Foutez-moi à la mer
les amis
les amis inconnus mes frères
Tous ceux qui ne m'ont pas connu
et qui n'auront ni regrets
ni souvenirs
Pas de souvenirs surtout
seulement un coup d'épaule

FILS DE LA GUERRE

La guerre est en nous
un gros filet de sang qui coule
de la gorge aux pieds
et nous gonfle le cœur
je sais nos yeux rouges
et creux
notre bouche impatiente
la guerre est en nous
avec ce feu qui nous hante
ces lueurs qui mordent
ces cris ces mots
à travers nos dents serrées
et toute cette colère qui flamboie
la guerre est en nous
puisque la mort
comme un trésor caché
repose attend se tait et pourrit
ô chiens lécheurs de sang
chiens de feu
morts quotidiennes
aboyez
Toujours les mêmes trompettes
qui souillent le vent
et font sauter les grelots dans nos poitrines d'ânes

mugissent
pour le dernier serment
la dernière douleur
La cendre n'étouffe pas plus que le souvenir
cette source rouge et sucrée
et l'odeur des cadavres
est moins forte que le souvenir des carnages
les carnages que souhaitent les maîtres
Dix ans bientôt
que défilent sous mes yeux
ces imbéciles multicolores
et toujours ce même geste
ce même mouvement
ce même aboiement
Ils passent comme des nuages
tandis qu'une grande odeur
s'élève et tourne et claque comme les drapeaux
sans repos sous le vent
sans repos
sur la terre comme les saisons
Heures lentes destinées
il faut se taire ruminer
et regarder
Voici les grands les définitifs
tous ceux qui chantent
et ceux qui ouvrent la bouche
ceux qui ne peuvent pas oublier l'ivresse du sang
ceux qui ont la nostalgie de tuer
et ceux qui préfèrent la mort d'un autre
à leur propre vie
Ils sont tous là
déjà rassemblés avides
le signal qu'ils attendent
leur paraît lent à être donné

Faut-il donc que nous mourions jusqu'au dernier
pour que la soif de la terre soit enfin apaisée
puisque nous tuons pour la liberté la gloire la vérité
vieille mythologie en aluminium redoré

Entendez-vous dans les campagnes
les cris de tous ces affamés
de ceux qui veulent mourir une bonne fois
avec un sourire aux lèvres
et parce qu'on leur a dit que c'était beau
et tous les ricanements comme ceux des mitrailleuses
qui torturent les rêves de ceux qui ne veulent pas reve-
    nir
qui veulent boire enfin
ce verre de sang
notre destinée

LES FANTÔMES DE L'AURORE

Alors que tout conspire
pour le silence
et que le froid
ami fidèle
s'approche comme un mendiant
il faut enfin regarder devant soi
en soi
soi
et discuter avec celui qui ne cesse pas de guetter
l'heure promise
les minutes bourdonnantes
qu'abandonne la nuit

Ils sont deux
misérables attendris vaincus
décidés à tout avouer
à prétendre à la défaite
à se livrer
à l'heure fixée pour la délivrance
et pour la rémission

Ils sont venus de très loin
traînant derrière eux l'enfance
et toute la charge des oublis
des jours cachés perdus gâchés
avec ce sourire désarmant
et les lueurs des crimes inachevés
apportant des offrandes et des promesses
murmurant des prières
qu'on ne leur demandait pas
Deux comme dans les miroirs
Deux entre le silence et le froid
Aurore et aube
Reflets et rayons
seuls au seuil du jour
tandis que déjà toutes les cloches
tous les chiens et tous les coqs
promettent aussi
ces naissances toutes les naissances

Attends soleil
les deux inconnus méconnus
les deux seuls survivants
du grand naufrage
ceux qui flottent au-dessous du sommeil
vont enfin parler
Aube Aube Aurore
que la parole tourne
et que soit la nuit
avant cette lueur
qui n'a ni couleur ni saveur
qui est le parfum

1942-1953

Message de l'île déserte

1942-1944

Jours de pluie jours de sang
la pluie tombe et sème la boue goutte à goutte
j'attends que le vent se taise et que la mer se calme
car j'entends encore tous les bruits échos des échos
les grands murmures et toutes les cloches
et je me tais il est temps de me taire j'ai tort de me
     taire
l'océan autour de moi est rouge
la grande marée qui apporte l'écume
les odeurs de pourriture et de souffrance
les épaves des naufragés d'hier les os blancs les os gris
donnent aux lèvres le goût du sel qui brûle les yeux et
     les plaies
pousse devant elle de grosses méduses impatientes
     opaques et violettes comme des fleurs
qui tournent en grimaçant le sourire aux lèvres
je les reconnais je les nomme je les dénonce je les
     insulte
je suis seul sur cette île que j'ai découverte
un jour de tempête et de dégoût
j'ai froid la nuit s'approche aussi lente que la mort
tous les cris que je ne voulais plus entendre
tous les hurlements qui précèdent le soir et son silence
     obligatoire

viennent m'annoncer que je n'ai plus de temps à
    perdre
je m'approche du rivage
un soir comme un autre soir
et je crie devant l'océan tout rouge
où flottent encore toutes les têtes des condamnés
tous les yeux des suppliciés et les mains coupées
toutes les âmes de ceux qui ont disparu sans laisser de
    traces
Je suis seul cependant
je tourne la tête et les fantômes m'appellent
je suis seul dans ce domaine abandonné
et je reprends la route qui conduit au remords
Tous ceux qui m'attendaient sont partis
et je les ai quittés pour ne jamais les revoir
pour ne pas me savoir plus las encore qu'eux-mêmes
plus décidé à me taire à ne pas les éveiller
de leur sommeil des nuits sans rêves
J'ai vu le souvenir de leurs yeux et l'odeur de leurs
    mains
me prenait à la gorge sans pitié sans tendresse
alors que dans l'ombre nous guettaient
les faces pâles des spectateurs éternels
quand la foule des voyous aboyait
à l'heure où la destinée n'est qu'une aurore
et quand la confiance se dissipe dans le brouillard
quand la fumée née de partout s'empare du monde
où l'on ne respire plus qu'avec peine en haletant
les larmes aux yeux et les dents serrées
Je n'appelle pas même un nom très doux
même une syllabe qui est la tendresse et la vie
ne suffirait pas à vaincre l'ombre qui s'approche
à pas de loup comme celui qui veut tuer encore

La mort rôde sur la plage de cendre
blanche et gonflée de la fumée du souvenir
Elle fait des signes elle s'incline elle guette
elle se redresse et sans un mot propose
l'éternité et l'oubli le néant
elle vend elle marchande elle promet
Et je reconnais sa démarche ses manières sa solitude
Elle ouvre les bras elle accueille elle fuit

Je m'éloigne du tintamarre et de la foule que mène
    l'océan
je remonte ce fleuve qui serpente dans le brouil-
    lard
errant pèlerin mains vides et yeux hagards
je retrouve des marques de pas et refuse
de reconnaître les empreintes de celui que je fus
les arbres ont des allures de bandits
les hautes herbes tremblent autour de moi
Les odeurs douces et les craquements des branches
m'avertissent des présences d'insectes
des vers qui grouillent de tout le remue-ménage de
    ceux qui vivent dans la boue
les vieux crapauds toujours égaux à eux-mêmes
de la marmaille des grenouilles qui répètent leurs
    deux mots
et des visqueux sans nom qui se nourrissent d'ordure
Je m'arrête assis au bord du sentier que j'ai tracé
celui d'un loup solitaire que pousse la faim
et je veux mesurer cette trace que je veux oublier com-
    me toujours
Je réclame le silence en vain la nuit est lente
il pleut grosses gouttes froides qui tombent
faisant un bruit d'hommes

pour la fête du marécage qui s'étale grandit et m'en-
    toure
musique de l'eau croupie gargouillements moroses
dans l'herbe sale et la terre molle comme une
    maladie
vieille pourriture rajeunie où je n'ose plus poser le
    pied
fièvre qui monte en bourdonnant des flaques où crè-
    vent les bulles
et qui annonce le règne du délire ou de la servitude

Odes

1943-1946

ODE À LONDRES

Cette nuit Londres est bombardée pour la centième
    fois
nuit noire nuit d'assassinat et de colère
l'ombre se gonfle de l'angoisse à venir
Déjà les premiers coups dans le lointain
et déjà les premières flammes les premiers signaux
Tout semble prêt pour le trouble le tremblement la
    peur
Tous soudain silencieux guettent les bruits devenus
    familiers
On attend la grande fête de la mort aveugle
Une lueur proche haute fervente
aurore d'un nouveau monde enfantée par la nuit

Nous étions bâillonnés avec de la boue et des immon-
    dices
Nous pouvions encore entendre et attendre
Nous savions nous le devinions
Cette nuit Londres est bombardée pour la centième
    fois
Une voix s'élevait c'était le cri espéré
Ici Londres Parla Londra London calling
Nous nous taisions comme lorsqu'on écoute battre un
    cœur

205

Tout à coup le silence et l'angoisse du silence
le temps perdu une seconde une heure
On interroge en vain la nuit l'ombre la distance
Il ne faut pas croire ce que crient les autres
Londres cette nuit est bombardée pour la centième
    fois
Un incendie muet des hommes morts
Ceux mêmes qui criaient ceux que nous attendions
Rien que l'image des pylônes brisés des fils coupés
Rien que ce trou dans l'espace et le temps

Ici Londres Parla Londra London calling
Et voici la Ville qui reprend sa place à l'horizon
Elle est seule au centre du monde
Elle est celle qui domine le tumulte
éclairée par les incendies et la plus haute flamme du
    courage
Londres Londres Londres toujours Londres
Cette nuit Londres est bombardée pour la centième
    fois

L'attaque et la réponse un défi au-dessus de la terre
la voix qui crie dans l'infini
Celle de Londres comme d'une amie à votre chevet
Elle dit qu'il ne faut pas désespérer
qu'elle s'élève à l'heure du danger et de la honte
Elle parle de la vie aux moribonds et de la foi à ceux
    qui doutent
Nous écoutons en fermant les yeux nous savons
Cette nuit Londres est bombardée pour la centième
    fois

Courage c'est la centième nuit du courage
la capitale de l'espérance appelle et nous rappelle
la capitale est la même que jadis
celle qui méprise l'indifférence et la lâcheté et la bas-
sesse
Nous suivons maintenant ses bons vieux fantômes
Thomas Dekker se glissant de taverne en taverne
et Thomas de Quincey buvant l'opium poison doux et
triste
à sa pauvre Anne allant rêvant
Cette nuit où Londres est bombardée pour la centième
fois

Fantômes et ma jeunesse près des docks
ô Londres qui demeure comme les astres impassible
Bravant l'incendie et le vent ivre de feu
quand les deux tiers de tes maisons brûlèrent
lorsque la peste rampait de porte en porte
et que mouraient des hommes par milliers
mille puis mille puis mille de nouveau
les femmes et les enfants d'abord
Fantômes de Londres et ma jeunesse vous appa-
raissez
Cette nuit où Londres est bombardée pour la centième
fois

Je sors de ma paralysie nocturne
Je me glisse comme un souvenir et comme un
papillon
vers les rues familières où me guident les reflets du
fleuve
jusqu'à ce monument qui n'a pas d'autre nom
sur cette petite place morose près de l'éléphant

où sourit un jeune homme que je reconnais
et qui est le même après tout puisque je vis encore
Cette nuit où Londres est bombardée pour la centième
    fois

Aujourd'hui après tant d'années espérées et perdues
condamné au silence esclave des esclaves
j'écoute cette voix venue des profondeurs du courage
qui dit et redit écho des échos
Rira bien qui rira le dernier
comme chaque soir avant la musique de danse
alors que mugissent les sirènes
j'entends nous entendons et le monde avec nous
l'appel le même appel et de la même voix
celle qui compte que chacun fera son devoir
quand Londres est bombardée pour la centième fois

Chacun fait son devoir tous sans exception
chaque homme et chaque femme chaque enfant
Ceux qui se précipitent à la rencontre du feu
Celles qui courent à la recherche du sang
Ceux qui volent vers la mort
Celles qui pleurent et qui sourient
Ceux qui tendent les mains et qui espèrent
Tous ceux qui meurent sans se plaindre
Alors que Londres est bombardée pour la centième
    fois

Au bout du monde et de la nuit
Ceux qui n'ont pas peur de mourir
saluent ceux qui bravent le destin
ceux qui sont plus forts que la haine
et qui parlent pour les morts et pour les vivants

208

tous ceux que le désespoir de son aile atteignit
écoutent la voix qui persévère
celle du soir du matin de minuit
quand Londres est bombardée pour la centième fois

Amis sans visage mains tendues
au-dessus de cette distance sans mesure
vous parlez et nous écoutons
vous vivez et nous allions mourir
car nous savons désormais que l'on peut mourir de
    honte
Ici Londres Parla Londra London calling
Nous écoutons nous les naufragés
nous que rongent les doutes et l'inquiétude
tapis dans l'ombre et silencieux jusqu'à la rage

Vous qui parlez vous qui criez
dans le vent et la fumée dans le sang
vous qui appelez à notre secours pour notre libéra-
    tion
vous qui combattez pour que nous combattions
Ici Londres Parla Londra London calling
Contre nous de la tyrannie l'étendard sanglant est
    levé
Entendez-vous
Nous respirons nous écoutons nous entendons
Londres est bombardée pour la centième fois

Londres est bombardée pour la centième fois
Rien n'est perdu vous veillez
Quand le grand Ben et ses cloches
affirme qu'il est minuit exactement
que c'est l'heure du nouveau courage

Melbourne écoute et Ottawa
Le Cap Calcutta Auckland
toutes les villes du monde
tous les villages de France
Et Paris

ODE À PARIS

Ce sera dans vingt ans dans dix ans
dans cinq ans peut-être
quand les fleuves de sang seront taris
et que montera la grande marée de la haine
et se lèvera le soleil des incendies

J'attends encore un cri comme celui d'une naissance
près de Paris et près d'une vie
un grand hurlement de sirène
un cri d'agonie
avant la fin de la souffrance
et de toutes les années mortes devant nos yeux
celles qui tombent comme des feuilles

Il y aura enfin les années qui feront leur entrée
dans la ville déserte
dépouillée des souvenirs désinfectée désolée
et nous reviendrons visiter les ruines fouiller dans les
        décombres
renifler comme des animaux tous les parfums de la
        mort
toutes les odeurs du désespoir et de l'infidélité

Ce n'est pas nous qui chargés d'une couronne
verserons des larmes sur ce qui fut et ne sera jamais
    plus
qui guetterons les corbeaux et tous les animaux para-
    sites
Tout ne sera pas fini allons donc
on trouvera encore ces grands vers qui fouillent les
    sols sanglants
et les infâmes qui seront gonflés de la vase qui les
    nourrit
Nous n'oublierons pas nous n'oublierons pas nous
    n'avons pas oublié
Paris
et toutes ses souillures
et toutes ses gloires
et tous ses deuils
et tous ses sourires
et la rengaine de la vie de la ville

Te souviens-tu de l'île
toi qui fus résignée dès l'aurore
où l'aube donnait aux arbres de la pointe
des allures de fantôme
quand le petit jour plus gris que la pensée
se glissait sous les fentes des portes et apportait l'an-
    goisse
à l'heure du lait au moment où se terminait l'en-
    fance
Notre île trop vieux bateau où nous avions si mal au
    cœur
quand tout tournait autour de nous
et que sonnaient les cloches de l'hôtel de ville
Notre île au milieu de la Seine
lente comme la destinée
île peuplée de souvenirs inévitables

et qui imposait à notre jeunesse la poussière de la
    mélancolie
à l'ombre mortelle de Notre-Dame lourde
comme un siècle de pierre et de prières
île moribonde où mourut le premier amour
vieux cimetière fluvial où l'on se heurte
aux tombes aux revenants aux enfants morts
à tous les guillotinés

j'ai laissé du sang
le mien et celui des autres
aux garde-fous des ponts et des quais
Je suis l'assassin assassiné et le criminel qui chante
Capitaines de bateaux lavoirs et vous maîtres des
    bateaux piscines
avez-vous vu un poète égaré jouant à qui perd gagne
jouant sa vie perdant son enfance gagnant la liberté
très tôt le matin quand les oiseaux crient
sans savoir où aller
Bien mal aimée toi qui n'as jamais cessé de luire
comme ma petite étoile au petit jour
comment peux-tu encore aimer Paris et son île
notre île et notre enfance notre amour étranglé

J'ai fui les quais le froid le vent la pluie de onze
    heures
tout ce qui pourrait éteindre cette flamme rouge et
    bleue
j'ai fui le remords des remords
et ce qui gémissait doucement sous mes pas
J'ai fui Paris et les boulevards peuplés d'ombres
les dimanches de projets
les regards des femmes indifférentes
et ceux des statues des grandes têtes molles

J'ai voulu écouter ton souffle et entendre tes appels
Paris capitale de ma jeunesse entourée des brouillards
   de l'alcool
et de cet opium malicieux qu'on goûtait avec un sourire aux lèvres
alors qu'on s'éveille à midi
la tête ronde et le corps léger
pour que triomphe la poésie et que naisse le scandale
   pur et simple
Courses vers Passy vers Montrouge vers les avenues
   interminables
Retours vers l'Étoile et vers les rez-de-chaussée
où l'on riait de soi-même et des grandes aventures en
   bouteille
Cris vers Montmartre cris vers la Muette
près des carrefours où l'on retrouve le soleil et le
   désespoir
quand sonne la victoire d'un poème humide d'encre
et l'attente morose de la cruauté nécessaire
qui êtes-vous ô parisien sans patience
dans votre ville grise qui tourne sur elle-même
à midi précis
à l'heure précise où les cafés se peuplent
et pavoisent au moment des apéros
qui êtes-vous vous qui passez sans crier gare
dans votre beau complet neuf
navigateur ou balayeur inspiré
Philippe Soupault

MAIS VRAI

Sa vie fut un calvaire sa mort romantique
Sa mère était trombone son enfant asthmatique
Les métiers les moins sots ne sont pas les meilleurs
Nous l'avons tous connu il était métallique
Sa fille préférée s'appelait Mélancolique
Un nom occidental qui flattait les tailleurs
Avide comme un pou sans aucun sens critique
Il se mordit les doigts brûla toute sa boutique
C'est du moins ce qu'affirment ses amis rimailleurs

Cette histoire nous vient d'Amérique
Elle pourrait venir d'ailleurs

LE POIGNARD DANS LA PLAIE

complainte

Pas encore mort mais ça viendra
chaque ride chaque soir annonce la prochaine
le dos se courbe sous le poids des cadavres
des jours vécus
et des êtres assassinés un à un
c'est le meilleur pour le pire
on croit qu'il suffit de chanter
pour oublier ou pour changer
la vie est belle et monotone
chantons l'hiver chantons l'automne
dormons l'été
quant au printemps espérons-le
toutes les saisons sont cruelles
croire à ce qui a été
à ce qui serait
comme à la chute des feuilles vertes
des gouttes de sang
croire au sommeil
croire à la mort
c'est vouloir oublier les saisons
et les années et les raisons

MARCHAND DE SANG

Marchand de sang cœur infatigable
que tu es lourd mon ami
ennemi vigilant insatiable
au fond d'un puits au fond de moi
mécanique ou dentelle du soir
que tu es lent et méthodique
nuit et jour soir et matin
cœur souvenir qui se souvient

cœur sans prénom cœur doux
flamme bleue que l'alcool rêve
et qui bat pour un galop
cœur incroyable impardonnable
cœur fou cœur sourd et vulnérable

CHERCHER

Chercher le silence à tâtons
alors que la nuit hante
chaque détour de soi-même
chercher la nuit et le silence
un chant sans fin sans refrain
comme un feu qui ne peut mourir
chercher le feu chercher la nuit
les yeux les mains ce parfum
souvenir qui couve et luit
que l'ombre soit toute-puissante
celle qu'on découvre celle qu'on crée
l'ombre des bras fermés des bras joints
toute la nuit rien que la nuit
mais l'ombre et le silence unis
à l'obscurité à l'éternité
Chercher l'amour ou la mort
l'ombre la nuit l'éternité

À TOUTES LES PORTES

Qu'il est lourd ce soir
et qu'il est lent
ce parfum de feuilles sèches
que chacune des secondes
chasse et reprend
ce bruit dans ma tête
est dur
quand chaque écho
de ce qui est lointain
ou inconnu
frappe à toutes mes portes

LENDEMAIN MATIN

Les nouilles de votre jardin
chère Madame on désespère
ne sont pour moi débile
que balançoires et boulingrins

Comment veut-on que je digère
chère Madame aidez-moi
ces vautours trop mal cuits
et les valseurs au gratin

Pardonnez papillons
vous êtes les miracles
qui peuplez nos rêves
et nous laissez rêveurs

RÊVES

Près des villes miraculeuses
puisque vous rêvez rêveuse
sur les rives de la vie
fleuve de peine ou fleuve d'oubli

Vivez rêveuse revivez
tous les songes que vous aimez
ne sont ni mensonge ni folie
ô rêveuse que je vous envie

De l'avenir rêvé qui vous rit
rien ne meurt de vos rêveries
ni les soucis ni les douleurs
ni le sourire du bonheur

Vos rêves ce sont les couronnes
des nuits des heures monotones
que vous donnez à ceux qui meurent
de ne croire qu'à ce qui demeure

Donnez-moi vos rêves rêveuse
la vie est longue et malheureuse
pour celui qui veut s'obstiner
à n'atteindre que la vérité

BROUILLARD ET Cie

Le temps coule comme coule le sang
et je passe comme passe le temps
portant mon cœur ce fardeau
que chaque jour gonfle et alourdit

J'ai voulu vivre en revivant
les jours perdus les rêves rêvés

Le crépuscule n'attend pas
que disparaissent les souffrances
infligées reçues ou niées

Le temps passe et aussi repasse
traînant son cortège de remords
ses refrains ses lueurs ses échos
le temps passe sur le même chemin

Il faut aller à sa rencontre
sur la route contre le vent
et surtout ne plus attendre

que s'évanouissent les fumées
les heures les nuits les années
toutes plus blanches que les ossements

BAGARRES

Je me bats le jour je me bats la nuit
batailles contre la mélancolie
cette vieille pieuvre toujours éveillée
qui me guette au coin des années
au coin des rues et des souvenirs
et lance son refrain mourir
alors que je veux vivre mille fois
que je veux aimer que je veux la joie
qu'il est temps enfin d'espérer
temps de croire temps de respirer

Je porte une flamme dans mon cœur
elle brûle c'est mon enfant ma sœur
c'est la vie qui sourit qui murmure
c'est le temps qui fuit pour que dure
le grand incendie toute la vie
sans remords sans mélancolie
dans l'univers qu'ont créé
les rêves et toute la vérité
seule vérité ma vérité lumière
pour aujourd'hui demain hier

225

365 HEURES

Jours blancs jours de peine
jours de laine moutons
que l'on pousse et que l'on tond
troupeaux de jours sans haleine

Jours longs comme les cheveux
blancs comme la neige et le feu
cendres et fumées et cendres
escalier qu'il faut descendre

Petits vieux en robe de peine
jours creux comme assiettes vides
quand la faim mord et morfond
vieilles journées et feuilles mortes

La vie passe comme un véhicule
devant les fenêtres fermées
et nous seront bien ridicules
devant nos miroirs brisés

Rions puisque vous demandez
que les jours soient des souvenirs
quand on a perdu la mémoire
et qu'il faut rire et qu'il faut vivre

AUX ASSASSINS LES MAINS PLEINES

Suis-je un assassin
je n'ai qu'à fermer les yeux
pour m'emparer d'un revolver
ou d'une mitraillette
et je tire sur vous
vous tous qui passez près de moi

Je ferme les yeux
et je tire
à perdre haleine
de toutes mes forces
et je vous atteins tous
connus ou inconnus
tous sans exception

Je ne sais même pas si vous mourrez
je ne vous entends pas
je tire en fermant les yeux
et vous tombez sans un cri
et vous êtes nombreux comme des souris
comme des poux
je vous abats

car je tire dans le tas
vous n'avez même pas le temps de rire
je tue tous ceux qui se présentent
sans même savoir leurs noms
ni apercevoir leurs visages
je tue tout le monde sans distinction

La nuit m'appelle à l'affût
je n'ai même pas besoin de bouger
j'appuie sur la gâchette
et toute la compagnie dégringole
je tue aussi un à un
ou deux par deux
selon les nuits
ou lorsqu'il fait très noir
mais je ne me tue jamais
j'écoute les coups de revolver
et je continue
je ne rate jamais personne
et ne perds pas mon temps
je ne vois pas le sang couler
ni les gestes des moribonds
je n'ai pas de temps à perdre
je tire et vous mourez

MORT SANS PHRASE

C'est la mort qui passe ici si tard
compagnons de misère et frères de la joie
nous la saluons au passage
qu'elle passe passe qu'elle s'éloigne

Je l'ai vue cependant et sentie
elle sent la cendre la terre humide et le soufre
elle m'a touché quand j'ai fermé les yeux
son pied s'appuyait sur mon cœur
et sa main me serrait la gorge
je n'ai pas crié je ne me suis pas défendu
j'ai attendu et j'attends encore
Je me suis réveillé éveillé
la main levée les dents serrées
c'était mon anniversaire
et j'ai compté les années comme des secondes

J'ai beaucoup vu rien entendu
j'ai ce matin à l'aube
comme si on me donnait un ordre
établi l'inventaire
de tout ce que je possède
est-ce peu de chose est-ce rien

Faut-il même encore y penser
mais je me souviens des amis
de ceux que je connais encore
de ceux que je n'ai pas connus
il faut bien tout de même
que je leur laisse quelque chose
même s'ils m'oublient
parce qu'ils m'oublieront
comme ils ont déjà oublié
le vent la pluie et le soleil
leurs mains leurs yeux leurs oreilles
et le goût du pain et la couleur du vin
et les parfums des quatre saisons
Est-ce que l'aurore vous rend avare
quand on frissonne dans le silence
et que l'on fuit sur le chemin du jour prochain
des jours passés des souvenirs
et de tous les projets mort-nés
Avarice couleur de l'aube
compagne des pires insomnies
il est temps de finir de lâcher cette proie
car je veux laisser quelque chose
à ceux qui m'ont tant donné
à ceux qui n'ont pas su refuser
à ceux qui m'ont tendu la main

Je voudrais donner la paix
à celles qui m'ont un peu aimé
ne laisser qu'un souvenir
image d'une flamme incertaine
qui s'efface peu à peu
trace d'une brûlure
qui disparaît au fur et à mesure

que le temps passe
et que les feuilles poussent

Sans doute je ne puis accorder
que ce qui ne m'appartient pas
mais que j'ai beaucoup aimé
le vent la pluie le soleil de novembre
l'odeur du feu de bois
et celle du goudron dans le brouillard
la chaleur d'une main
et l'éclat d'un regard
ce mirage ou cette étoile
que j'ai nommés que j'ai élus
quand j'avais peur de l'avenir

SOUPIRS

À quelle heure mourrez-vous Monsieur
monsieur Durand monsieur Soupault
peut-être tout à l'heure à la bonne heure
les anges ne répondent jamais
quand on leur demande l'heure
les songes n'indiquent ni le jour ni l'heure
les singes et les juges préfèrent se taire
Demandons donc l'heure qu'il est
aux bactéries aux cancers aux militaires
aux coups de feu aux mauvais coups
à la lune et aux malfaiteurs
dites-moi quelle heure est-il
et l'heure exacte qu'il était
quelle heure sera-t-il exactement
Soupirons pour apprendre à mourir
à l'heure convenue
à l'heure dite
toujours trop tôt toujours trop tard
soupirons comme un feu de bois
comme un feu de paille et de joie
soupirons puisqu'il faut mourir
et soupirer une dernière fois

POUR DANSER SEULEMENT

Misère misère en lambeaux
crimes en dentelles
pour les cœurs et les cerveaux
au rendez-vous des demoiselles

Sommes-nous nus
ou démontables
à la lueur des chalumeaux
quand la lune se met à table

Heure des aveux pour les aveugles
minuit tapant
aux portes des grandes villes
et le sang coule dans les ruisseaux

Sauvez la face sauvez le feu
volez au secours des oiseaux
nous retrouverons les hirondelles
les libellules les demoiselles

Chansons

1949

POUR ALICE

Est-ce un oiseau qui aboie
une lampe qui fume
un enfant qui verdoie
C'est un lapin qui chante
un homme qui rit
un prêté pour un rendu
Alice ma fille ma plume
jouons enfin au plus fin
au jugé à la tartelette
Il faut nous donner la main
les lunettes sur nos cheveux
et les cheveux sur nos lunettes

BON CONSEIL

Ma mère ne m'a rien dit
    c'est dommage
Je ne sais même pas où aller
    et après
Je nage je flotte je vogue
    catastrophe
Je marche je chante je crie
    funérailles
Il faut tout recommencer
    c'est odieux
Je ne sais même pas où aller
    et après

CACHE-CACHE

Voulez-vous jouer les amis
au jeu du petit lapin gris
ou bien au serpent à sonnette
dépêchez-vous la mort vous guette

Voleurs mendiants combinards
vous les tricheurs en série
tricheurs à la petite semaine
dépêchez-vous la mort vous guette

Vendus valets autres voyous
beaux travailleurs du chapeau
vous n'l'emporterez pas avec vous
dépêchez-vous la mort vous guette

À RECOMMENCER

Mon gros garçon bien mal peigné
avec qui voulez-vous danser
C'est une putain qu'on vous propose
et vous préférez les roses
Avec qui voulez-vous danser
espèce de crétin mal léché

TOUTE LA FORÊT

Au coin d'un bois
une petite lumière
au coin d'un bois
un grand orphéon
au coin d'un bois
un beau saligaud
au coin d'un bois
des milliers d'yeux
au coin d'un bois
la mer et ses poissons
au coin d'un bois
les meilleurs fils du monde
au coin d'un bois
un bois au coin d'un bois

IMITATION DES FLEURS

Puisque l'on vous dit
que les fleurs parlent
n'écoutez plus les gigolos
Imitez donc les abeilles
les papillons les coccinelles

Les lilas sont infidèles
bien plus que les artichauts
les chardons et les résédas
Imitez donc la glycine tendre
comme la poitrine d'un oiseau

Votre emblème n'est-il pas la pensée
cœur clairvoyant fleur sincère
aussi fragile qu'une larme
mais après les fleurs de la terre
acceptez toutes les fleurs du ciel
qui chantent le jour rêvent la nuit

CHANSON DES SOURDS-MUETS

De minuit à quatorze heures
prenez le parti de vous taire
le silence de la terre
ternit l'éclat des miroirs

Sages sourds-muets vous pédalez
luttant contre vents et marées
véritables poissons de terre
Prenez le parti de vous taire

Prenons le parti de nous taire
orateurs écrivains poètes
chantons donc mais sans rien dire
ne nous cassons plus la tête

Il n'y a pas que le silence
qui soit tout doré sur tranche
les chansons sont des gouttes d'or
dont le refrain est la mort

UN BIEN JOLI MONSIEUR

C'était un assassin comme on n'en fait plus
un véritable artiste de la onzième heure
à qui l'on n'aurait pas voulu donner sans confession
le bon dieu ou une bonne paire de claques
enfin un vrai fils d'enfant de Marie
Assommant sans rime ni raison
la veuve et l'orphelin ou toute la famille
les femmes et les enfants d'abord naturellement
il jouait agréablement du couteau
mais mieux encore au poker
Un cœur d'artichaut et de pierre
il portait une montre dans son gousset
et une chaîne d'or en sautoir
enfant du siècle et des faubourgs

LE MEILLEUR DU MONDE

Avez-vous envie de sourire
de revivre ou de mourir
quand il pleut à fendre l'âme
quand il neige à perdre haleine
quand l'aube pâlit comme une morte

Avez-vous envie de rêver
de crier ou de soupirer
quand une femme pleure à chaudes larmes
que vous saignez à blanc
et qu'on frappe à votre porte

Avez-vous envie de chanter
de hurler ou de siffler
quand on prononce votre nom
quand on vous dit qu'il est minuit
et qu'un beau jour est fini

EN VITESSE

berceuse

Mon petit brun mon petit blond
enfant des bois et des chansons
papillon sage et vertueux
enfant rose enfant bleu
petit couillon à sa mémère
petit couillon à sa maman
à qui l'on donne des images
des paires de claques
et des morpions
une douzaine d'huîtres
un éléphant
un goupillon
et une salade
pour tout potage
un potiron
un tapis de table
un lampion
un verre de lampe
et une charade
avec par-dessus le marché
un crayon rose un crayon bleu
une marmelade de potiron
et du bon saucisson de Lyon
une mayonnaise

des champignons
du lait de chèvre
et un blouson
en poil de singe ou de toutou
pour le bon petit garçon
aussi gentil que son poupon
comme un enfant à sa mémère
à l'occasion à l'occasion
on lui fêtera ses vingt-cinq ans
avec du beurre et des chansons
des crèmes fouettées
des berlingots et des suçons
petit couillon à sa mémère
petit couillon à sa maman
bleu comme papa
rose comme poupon
Si tu n'dors pas avec tout ça
mon petit enfant
mon petit garçon
mon petit couillon
je te fous à l'eau
ou dans le bouillon
avec ton frère
et tes morpions
et tes ancêtres
et tes lardons
et ton sourire
et tes misères
Dors mon bébé
Dors mon p'tit père
Dors mon garçon
à l'occasion

AMIS D'ENFANCE

Ceux qui vous disent bonjour
Ceux qui vous saluent simplement
Ceux qui vous font couac en passant
Ceux qui disent toujours amen
Ceux qui vous donnent signe de vie
Ceux qui vous disent merde
Ceux enfin qui ne vous disent rien
Ce sont peut-être les plus dévoués

AU CRÉPUSCULE

Bonsoir doux amour
comme disait Shakespeare
Bonsoir mon petit pote
comme disait Jules
Bonsoir mon père
comme disait l'enfant de chœur
Bonsoir bonsoir mon fils
comme disait le curé
Bonsoir vieille noix
comme disait l'enfant de chœur
Bonsoir mon chou
comme dit le jardinier
Bonsoir les enfants
comme disent les enfants
Ariane bonsoir ma sœur
comme aurait dit Racine
Bonsoir mon trésor
comme disent les banquiers
Bonsoir ma cocotte
comme dit la fermière
Bonsoir mon loup
comme dit la bergère
Bonsoir les amoureux
comme disent les eunuques

Bonsoir bonsoir bonsoir
comme disent les inconnus
Mille bonsoirs de bonsoirs
comme disent les militaires
les nourrices et les chaisières
Bonsoir tout le monde
comme tout le monde le dit
Vos gueules là-dedans
disent enfin les poètes
Et comme ils ont raison

UNE FOIS N'EST PAS COUTUME

J'ai peur pour vous j'ai peur pour moi
Il ne faut jamais rire en vain
votre cœur est vide comme vos mains
et j'ai peur pour vous autant que vous êtes
Les riches les pauvres les drôles les malins
quand viendront le sommeil et les rêves
les cauchemars et les insomnies la nuit
tout ce que vous croyez pouvoir oublier
tout ce qui se tait tout ce qui recule
pour mieux crier pour mieux sauter
J'ai peur pour vous autant que vous êtes
ceux qui ricanent et ceux qui crânent
ceux qui font les drôles et les malins
Tous la poitrine gonflée et les mains vides
et le cœur vide comme les mains
quand l'aube sans pitié se lèvera
et que vous verrez qu'il est temps de vivre
une nouvelle journée une nouvelle nuit
qu'il faut vivre quelques années encore
mais pas davantage pas davantage
J'ai peur pour vous j'ai peur pour moi

POUR LE COIFFEUR

Nos amours nos rêves nos enfants
ont toujours des cheveux trop longs
comme les herbes des marécages
et les souvenirs d'un autre âge

Est-ce le moment de les peigner
de les couper de les brûler
de les plonger dans l'écritoire
pour le bal de la préhistoire

Chacun croit mieux vivre que moi
et peut-être faut-il le croire
je n'ai qu'à lire dans mon miroir
ce que je serai dans six mois

RENCONTRES

Est-ce la lune avec son veau
Est-ce la mer et sa calèche
Est-ce le vent et ses jumeaux
    je les vois comme je vous vois

Les oiseaux crient comme des putois
Les putois miaulent pour des oisons
Les arbres bourdonnent avec les cloches
    à n'en pas croire ses oreilles

Sur les toits les fleurs des prairies
Dans les yeux les lueurs de la joie
Sous les pas le parfum du jour
    contre vents et marées

FRÈRES AVEUGLES

Pensez à tous ceux qui voient
vous tous qui ne voyez pas
où vont-ils se laisser conduire
ceux qui regardent leur bout de nez
par le petit bout d'une lorgnette
Pensez aussi à ceux qui louchent
à ceux qui toujours louchent vers l'or
vers la mer leur pied ou la mort
à ceux qui trébuchent chaque matin
au pied du mur au pied d'un lit
en pensant sans cesse au lendemain
à l'avenir peut-être à la lune au destin
à tout le menu fretin
ce sont ceux qui veillent au grain
Mais ils ne voient pas les étoiles
parce qu'ils ne lèvent pas les yeux
ceux qui croient voir à qui mieux mieux
et qui n'osent pas crier gare
Pensez aux borgnes sans vergogne
qui pleurent d'un œil mélancolique
en se plaignant des moustiques
des éléphants de la colique
Pensez à tous ceux qui regardent
en ouvrant des yeux comme des ventres

et qui ne voient pas qu'ils sont laids
qu'ils sont trop gros ou maigrelets
qu'ils sont enfin ce qu'ils sont
Pensez à ceux qui voient la nuit
et qui se battent à coups de cauchemars
contre scrupules et remords
Pensez à ceux qui jours et nuits
voient peut-être la mort en face
Pensez à ceux qui se voient
et savent que c'est la dernière fois

SI LE CŒUR VOUS EN DIT

Tous ceux qui ne disent rien
et qui pensent encore moins
la foule qui se fane au clair de lune
les inconnus qui ne savent pas
quoi faire de leurs mains
qui portent une tête sur les épaules
parce qu'ils craignent de se faire remarquer
les gens qu'on voit tous les jours
et qu'on ne reconnaît jamais
ceux dont on ne sait pas le nom
et qui vous sourient comme à un complice
les femmes couleur de murailles
portant des enfants nés avec la pluie
les garçons qui déjeunent de soleil
d'eau fraîche et de l'air du temps
les amis sans amitié sans médailles
les frères qui ne vous saluent plus
les filles qui ont peur de vous ressembler
les ombres sans voiles et sans passé
vous pouvez tous les réclamer
au bureau des êtres perdus

À TOMBEAU OUVERT

Les morts vont vite
de plus en plus vite
plus vite qu'on ne pense
    en tout cas

Le sang n'est pas sec
le feu pas éteint
on entend des cloches
    en tout cas

Les morts sont là
ils nous attendent
plus tôt qu'on ne pense
    en tout cas

La porte du cimetière
est toujours ouverte
de midi à quatorze heures
    en tout cas

Les morts piétinent
mais ils vont vite
sans savoir pourquoi
  en tout cas

La lune est voilée
la terre en grand deuil
pour vingt-quatre heures
  en tout cas

Les morts nous appellent
en criant très fort
on ne les entend pas
  en tout cas

DANSER LA CAPUCINE

J'en ai tout de même assez de jouer
au plus fin
J'en ai vraiment assez de jouer
au bourgeois
au prolétaire
au poète maudit
à l'académicien
à la petite semaine
aux quatre saisons

J'ai envie de nager
nu comme un ver
comme un poisson dans l'eau tiède
d'une rivière phosphorescente
ainsi qu'aux plus beaux jours
entre onze heures et minuit
Et puis et puis et puis
il faut ensuite dormir

Bonsoir bonne nuit bonne année

TAISEZ-VOUS S.V.P.

Le vent du large le brouillard la nuit et les souvenirs
tout ce qui nous sépare d'un continent
quand le soleil se lève trop tard
et que déjà il fait sombre autour de nous
l'espoir et l'attente l'angoisse les bras tendus
flammes qui annoncent une aurore
flammes du matin espérances impatiences
lorsque s'élève une longue colonne de fumée
au-dessus des hommes des millions d'hommes
endormis heureux confiants trop forts

Est-ce que vous avez oublié est-ce que vous nous
    oubliez
quand nous sommes blessés quand nous râlons
à l'heure de la douleur et du dégoût absolu
vous les hommes vous les femmes et les enfants
qui aimez le bonheur et qui songez à l'avenir
Nous du crépuscule nous les fils de l'angoisse
qui retenons notre souffle notre dernier soupir
parce que nous voulons vivre parce que vous vivez
et nous perdons notre sang et nous perdons haleine
Vous n'avez pas oublié vous n'oubliez pas

Nous savons que vous ne savez pas oublier
que vous attendez l'heure et la minute et la seconde
mais qu'elles sont lentes et lentes et mortelles
quand on étouffe quand on rage et qu'on délire
qu'on écoute et que le silence est une souffrance

VOIES LACTÉES

Que nous sommes nombreux sur cette terre
et que nous sommes seuls quand il s'agit de nous
　　entendre
seuls comme les étoiles
qui savent qu'elles sont déjà mortes
depuis des années-lumière et qu'elles ne brilleront
　　plus
jusqu'à la fin des temps
qui ne seront plus les nôtres

À quoi bon ces adieux ces larmes cette souffrance
qui n'a ni fin ni sens
et ces cris que nous poussons
tellement inutilement
à quoi bon cette souffrance
sans fin ni sens
et cette délivrance
qui n'a pas de nom
et à laquelle nous ne pouvons pas échapper
pas plus qu'à l'éternité
ou à la vérité
Nous sommes pourtant là
tous tous tous ensemble

et nous attendons que passe la souffrance
et que vienne cette délivrance
qui n'a pas de nom pas même le signe de la vie
que nous ne savons pas reconnaître
au passage
et qui n'est qu'une attente de la nouvelle douleur
toujours la même et toujours nouvelle
pour nous tous et pour nous tous ensemble
nous qui sommes si nombreux sur cette terre

PÉTRIFICATION

Mort ou vivant
peu importe
on n'a même plus le temps d'attendre
la rigidité cadavérique

On pétrifie
jour et nuit
les petits les grands les enfants
les militaires et les moins de seize ans

Statues de bronze et de sel
de pierre et de plomb
de bois et de carton-pâte
et treize à la douzaine

Voici l'allée des héros
des poètes en sandales
des marchands d'escargots
et celle de ceux qui n'ont pas encore de nom

Autant en emporte le vent
la pluie la bourrasque et le vent
Notre mémoire est un charnier
Allez donc vous y retrouver

BONSOIR

Que la lune est belle à midi
c'est l'été au coin du feu
quand le vent ronfle dans le désert
et qu'il fait nuit dans vos cheveux

Arbres plantés comme l'espoir
au bord des routes en rang d'oignons
pluie qui protège la pensée
petites sources infatigables dormez-vous

Au matin gris suivi de tous les escargots
de la veille et du lendemain
j'avance au son des trompettes
Dormez-vous dormons-nous
dormirons-nous encore comme les sacristains

Les rêves ne finissent jamais vous dormez
les yeux ouverts et les membres en désordre
On a frappé à votre porte
C'est déjà le matin
c'est toujours le matin

TOUJOURS ELLE
ET MALGRÉ LUI

J'ai aussi à lutter désormais avec elle
et avec le temps
parce que je cours toujours
et qu'ils volent toujours

Chaque pas que je fais
est un pas perdu pour toujours
au bout du quai
au coin de la rue
à la gare
au carrefour
partout et toujours
comme le font les folles toujours
comme le sable et l'eau et le feu
le temps perdu ou gagné fuit
alors que je le poursuis toujours
comme je respire et je halète toujours
poursuivant et poursuivi
Elle est aussi masquée
comme le temps et comme moi
portant un faux nez un faux nom
Elle envoie sur ma route
des émissaires que je ne reconnais pas

et pourtant je ne trouve plus à qui parler
Tête nue poings nus
je combats comme si mes adversaires
m'opposaient la pluie la mer ou le vent
alors que c'est le brouillard
celui des souvenirs et des années
qui tourne autour de moi
toujours plus épais et plus épais toujours
comme le vertige et l'ivresse

Mais elle est là aussi et là toujours
masquée même dans le brouillard
je l'entends et je la vois
mais je n'ose jamais la toucher
C'est elle qui attend toujours

Comme le temps
trop pressé toujours
ou trop lent et trop amer
ou trop rapide et insipide
comme la pluie l'eau claire et le vent
comme tout ce qui est insaisissable
et perçant
et qui est là toujours
quand il ne faut pas

Donc adieu

CONDOLÉANCES

Surtout ne pas revenir en arrière
les regrets sont des anémones
qui n'attendent que le remords
Je préfère les étoiles fidèles
et silencieuses et souveraines
qui sont les regards de la nuit
et les fleurs de mes meilleurs rêves

Doucement comme les loups
j'explore le domaine de chaque jour
et je découvre l'inconnu
je suis sans pitié
pour ce qui est identique
le pas à pas et le pas dans les pas
mais quelqu'un chante une rengaine
toujours plus loin de moi-même
toujours le même

REMINISCENCIAS DE MEXICO

Ni son sol saturé de sang
ni son ciel éclaboussé et défié
n'ont pu vaincre
cette étoile jetée sur cette terre
où soufflent la mort et la liberté
où la misère rampe et bafoue
les passants couverts de voiles d'or
Mequiquo
Autour de cette ville
où les hommes bruissent comme des insectes
les pierres grises grimacent
et les roses exhalent la douleur

Apprendre que la souffrance fait sourire
et qu'un homme sait porter le monde
sans broncher
à petits pas rapides comme s'il dansait
en penchant la tête
le front bandé de cordes
Enseigner que l'agonie est vaine
et qu'il ne faut pas craindre de mourir
aussi mal que l'on a vécu
le ventre vide

et les yeux mi-clos
Mequiquo

Savoir que la cruauté
délire comme un soleil
et qu'elle est patiente comme un serpent
comme un oiseau silencieux
Puisque je dois mourir demain
Pourquoi ne suis-je donc pas mort aujourd'hui
Mequiquo
c'est le cri que j'entends en prononçant ton nom
celui des nuits d'amour et son écho
celui qui accompagne le choc de la vie et de l'amour
et cette seconde où l'on sait que tout est fini
quand on sait que tu te dresses comme un fantôme
Mequiquo
et que tu flottes comme les rêves
comme une fleur de pierre sur un lac
fleur de pierre ensanglantée
fleur de sang qui flotte comme les rêves
en offrant ton odeur de clair de lune
ton auréole qui n'est que de la fumée
cette pluie de cendre et de soleil
ton allure d'astre
ta joie en feu
et ta couronne de pierreries
qui tourne autour du soir
Mequiquo
ville de l'aurore et du crépuscule
Pourquoi ne suis-je pas mort aujourd'hui
en voyant mon frère le cargador
porter cette nuit le soleil noir sur son dos
allant plus loin
plus loin que vous plus loin que moi
plus loin aussi

qu'il ne faut
puisque je dois mourir demain
et que lui ne sait plus où aller
où s'arrêter comme moi comme vous
dans les rues où les regards sont lointains
comme pour se rendre à un rendez-vous inventé
et qu'on ne sait pas où aller
demain ce soir tout à l'heure
Mequiquo
qui tournes en rond à la vitesse des étoiles
autour de ce cavalier de bronze
autour d'un arbre nommé de l'inquiétude
vers ce vertige d'où jaillit ton nom
suivant le cargador qui ne sait plus où aller
mais qui marche qui court qui galope
autour de toi autour de moi
comme la fumée le soleil et le souvenir
alors que tu étais plus belle que la nuit
plus belle que ce qu'on n'ose nommer
Mequiquo
à qui j'offre mes mains mon sang
puis qu'il faut tout de même qu'on sacrifie
ce qu'on n'ose nommer
et qui porta ton nom qui est ta renommée
et le souvenir de ce qu'on sait
alors que les morts sont comme des années
lourds comme des pensées informulées

Toi qui fais douter du jour et de la nuit

Faut-il donc s'approcher à pas de loup
pour t'aimer quand le temps passe à côté de soi
dans le bruit du ciel qu'on déchire
comme si l'on étouffait un homme qui est soi

272

au moment même où l'on se jette à la vie à la mort
et que tu commences à flamber
braises dorées d'où jaillissent les flammes et le sang
à la clarté des sacrifices silencieux
malgré la grande rumeur qui monte de la profondeur
    des temps

L'OISEAU D'ENFER

Cet oiseau noir dans ma tête
Ne se laisse pas apprivoiser
Il est comme un nuage qui se défile
et qu'on n'attrape jamais
comme la fumée entre les doigts
et la brume sur les yeux

Et cependant je n'ose le confier à personne
et je le vois disparaître avec regret
Il s'accroche à tous les sourires
se pose sur les mains tendues
et se nourrit du sucre des paroles
sans même pousser un cri de joie

Longtemps j'ai essayé de ne pas le voir
de ne plus l'écouter quand il croasse la nuit
et qu'il déchire de ses serres
les filets de la certitude
Il est le fils de l'insomnie
et du dégoût mélancolique

Mon oiseau noir mon fidèle
la haine n'est pas ta cousine
Je te donne trois jours et trois nuits

1963-1983

Profils perdus
1963

ODE À GUILLAUME APOLLINAIRE

Pauvre Guillaume mon ami
on te couvre de gloire de fleurs et de cendres
grand homme entre guillemets statue de bronze
avec la patine de la célébrité
on t'accable de tout ce que tu as si mal aimé
on couronne ton crâne de lauriers
on agite ton squelette pour provoquer des étincelles

Cher Guillaume mon ami
je n'oublie pas ton sourire
ni tes doux ricanements
ni la terreur de l'oubli et de l'ingratitude
te voilà enfin comblé
fantôme fantôme couronné
que va-t-on encore te donner
de ce que tu as si mal aimé
la gloire l'honneur les décorations
et puis l'amour par-dessus le marché
l'amour des idiotes des demeurées
et de ces filles
qui ne savaient pas voir
plus loin que le bout de ton nez

Souviens-toi du soleil levant
du point du jour au bout d'Auteuil
et de la soif sans un sou à boire
de ce bazar que tu fouillais
désespéré et minutieux
sans savoir ce que tu cherchais
pour encombrer un peu plus ta vie
de vieilles assiettes de vieux bouquins
et du soleil dans le cristal de roche

J'ai connu Guy au galop
du temps qu'il était militaire
et c'était triste très triste
comme un jour sans pain et sans lune
il était plus fier qu'Artaban
parce qu'il était sous-lieutenant
d'infanterie à la guerre
et jaloux de ses galons
et je songeais en le regardant
à tous ceux qui allaient encore mourir
sans se soucier
ni de l'avenir ni de la gloire
du temps qui passe comme la Seine
sous le pont Mirabeau

J'ai suivi souvent ton fantôme
dans les sinistres rues d'Auteuil
quartier de tes grandes tristesses
rêvant à ta pauvre Anne
lorsque tes amis se moquaient
et que tu savais que le temps était venu
de savoir ce que tu voulais
et que tu ne faisais que soupçonner

alors que tu espérais la liberté
et qu'il fallait gagner ta vie
et que tu la gaspillais
joyeux comme un tambour
et solitaire solitaire

Guillaume Guillaume ohé Guillaume
comme on t'appelait au coin des imprimeries
de la rue du Croissant et de la rue Montmartre
où tu allais admirer
comme les enfants admirent les trains électriques
les linotypes tes amies
qui agitent leurs petites sonneries
à la dernière heure « toute dernière »
quand il était temps de vivre la nuit
et que les étoiles te faisaient des signes de vie
Guillaume ô noctambule
je reprends tes itinéraires
tes angoisses le long de la Seine
couleur de ta conscience
lorsque tu cherchais à atteindre
le point du jour
et Billancourt
où tu découvrais l'aurore
incendiant le temple grec en ciment armé
et les grands feux
pour les sacrifices humains
des quarante heures
de la retraite des vieux
et des courages incertains

À la fin tu es las de ce monde ancien
et de la gloire et des lauriers
et de tout ce que tu avais souhaité

et que tu n'as jamais possédé
et que nous ne devons jamais posséder
ni toi ni moi

Crépuscules
1960-1971

TROP LONGTEMPS

Les voilà les papillons gris comme l'aube et le cré-
    puscule
Et c'est elle qui s'approche multicolore
Je n'ose la chasser parce que parce que
Elle est belle comme l'aube et le crépuscule
et je ne sais plus comment la chasser
Elle se heurte à ma langue à mon visage à mes
    mains
Je ne la connais pas et ne la connaîtrai jamais
Elle est là pourtant multicolore
Elle est comme un cauchemar
Elle m'empêche de dormir
Il faut peut-être que je la tue
Cependant cependant cependant
elle me rappelle que je vis
pour quelque temps encore
Elle est comme un reproche
et elle est mon papillon de nuit
grise grise grise et multicolore
Je ne me souviens plus de son nom
Elle ne dit rien elle ricane
et j'entends sa voix dans le silence de la nuit
Elle me reproche de vivre encore
trop longtemps

CENDRES

Tant de jours tant de gens
Tant de disparus d'oubliés
malgré les nuits qui n'en finissent plus
jusqu'à l'aube où l'on se cogne la tête
où l'on se retrouve comme la veille
les mains aussi vides que la tête
Il s'agit de serrer les poings
comme si de rien n'était
Un autre jour comme les autres
en attendant le lendemain
toujours le même et le même toujours
comme l'éternel refrain
de l'éternelle chanson
qui tourne sans trêve ni relâche
comme dans les rêves où l'on attend l'oubli
ou le néant

PÔLES

Comme la nuit est lente cette nuit
avec tous ces nuages qui passent si lentement
malgré les vents et les orages
Attendre encore l'aube et ce matin qui n'en finit
    plus
chaque battement de cœur
chaque doute qu'il faut vaincre
et vivre la nuit sans étoiles
la nuit qu'on appelle espérance ou désespoir
Et puis d'abord une petite lueur
puis une grande lueur
peut-être le crépuscule ou l'aube
quand on invoque un prénom
aube ou crépuscule
avant le silence qui est l'éternité
ou un seul regard
dont on ne peut même plus se souvenir
et qu'on ne sait pas oublier
pas un brouillard mais une clarté
qui vous guide dans le tumulte
une voix aussi une main aussi
qu'on attend toute la nuit toutes les nuits
pour dire adieu et à jamais

ANNÉE LUMIÈRE

Une étoile dans mes mains grandes ouvertes
Un regard une étincelle une joie
Des millions d'années lumière et une seconde
Comme si le temps était aboli
et que le monde entier se gonflait de silence

L'inconnu s'illuminait d'un seul coup
et cette lueur annonçait l'aurore
Tout était promis et clair et vrai
Un autre jour une autre nuit et l'aube
et que le monde était à portée de mes mains

Ne pas oublier ces angoisses ces vertiges
en écoutant ce qu'annonçait l'étoile
et en retrouvant ce chemin de feu
qui conduisait vers l'avenir et l'espoir
et vers ce que nul ni moi n'attendait plus

Que les nuages lourds comme le destin
s'étalent et menacent comme des monstres
et que l'horizon soit noir comme l'enfer

L'étoile brille pour moi seul
et tout devient lumière et clarté

Étoile qui me guide vers cet univers
où règnent la vérité et l'absolu

CAUCHEMARS ET RADOTAGES

Chaînes des chaînes partout
Fantômes des fantômes vêtus de feu
infatigables radoteurs
Hyènes des hyènes à visage d'homme
guetteurs intolérants
Ombres des ombres innombrables
rôdeuses du jour et de la nuit
Cauchemars les cauchemars brûlures
brûlures dans l'obscurité du soir et du matin
Cloches les cloches de l'orgueil et du destin
qu'on ne peut écouter ni oublier
Calomnies les calomnies qui collent à la peau
odeur de soufre et de misère
Soupçons les soupçons mauvais conseillers
bourreaux sans peur sans lassitude
Scrupules les scrupules sales insectes
carrousel des fins de journée
Angoisses les angoisses qui s'approchent en douceur
qui s'accrochent comme des araignées
Déceptions espoirs en loques cendres éteintes
pour tout remettre en question et la vie même
Et le reste tout le reste innommable
La marée lourde des écumes et des vertiges des nau-
    frages
Tout ce qu'on ne peut chasser à jamais
et qui vous condamne à l'étouffement sans phrases

GRAND INCENDIE

L'arc-en-ciel de la souffrance
de l'aube à l'aurore à midi
et jusqu'à la nuit depuis le crépuscule
Chaque minute compte chaque battement de cœur
chaque lueur chaque geste chaque souvenir
en attendant le sommeil insaisissable
ce fauve qu'on ne peut rejoindre
et qui va disparaître dans le brouillard
qu'il faudra poursuivre sans espoir de le rejoindre
Et tout à coup l'incendie de la haine

CHANSON POUR DES FANTÔMES ET
POUR CELLES QUI ONT DISPARU

Aujourd'hui ce sont des mains que j'aime
Hier c'était une nuque
Demain ce seront des lèvres
et le soir un sourire
Dans trois jours un visage
Enfin chaque jour de la semaine
je m'émerveillerai de vivre encore
je me souviendrai peut-être lundi de votre
     démarche
et mardi sans doute des cheveux
Il faudra aussi écouter la voix
celle des fantômes
celle qui hésite celle qui persuade
que la vie n'est pas si atroce
que je voulais le croire tout à l'heure
mercredi tout oublier
Mais jeudi c'est un parfum
qu'on ne peut oublier
le parfum de l'arc-en-ciel
Les autres jours
Tous les autres jours
j'ai promis
de ne rien dire qu'à moi-même

ÉTERNEL AUTOMNE

Écraser les souvenirs comme les feuilles mortes
feuilles mortes couleur de crépuscule
déjà pourritures multicolores et nécessaires
au pied des arbres dépouillés
et qui doivent refleurir après un long silence
le long silence de l'espoir après le désespoir
toujours la même chanson la même saison
celle où l'on brûle les fleurs les fruits les feuilles
toutes les branches qu'il faudra couper
et les scier pour qu'on n'en parle plus jamais
plus jamais comme si rien n'avait été
et qui ne sera jamais plus enfin
enfin jamais plus puisqu'il faut finir
et qu'ainsi tout est pour le mieux
qu'on n'est plus obligé de choisir
Choisir les fumées que dévorera le vent

PLUS JAMAIS

Je sais désormais que la vieillesse c'est déjà l'enfer
les remords les regrets les souvenirs
et les expériences l'expérience
ne plus être ce qu'on avait été
ne plus pouvoir aimer
et savoir que l'on pouvait aimer
Les témoignages du temps passé
Ne pouvoir oublier ce qu'on voulait oublier
et ces gloires que l'on sait posthumes
Ne pouvoir recommencer les commencements
Tendre les mains les bras les lèvres
et n'offrir que le néant
les mains vides les bras ouverts les lèvres ouvertes
et puis rien rien que rien
Pas la solitude mais l'absence

1970 ?

(*Poèmes retrouvés*, 1982.)

ANNIVERSAIRE

pour Ré.

Je voudrais te donner
une couronne
constellée de toutes les étoiles
du firmament
Je voudrais te donner
les chants des rossignols
de toute la terre
Je voudrais te donner
les silences de l'hiver
les sourires du printemps
les clartés de l'été
les flammes de l'automne
Je voudrais te donner
tout ce que je n'ai pas pu
pas su
te donner
ma vie
notre éternité

29 octobre 1981.

(*Poèmes retrouvés*, 1982.)

... ET LE RESTE...

Je n'ai plus tellement envie de chanter
J'ai envie de dessiner
parce que désormais
je préfère le silence
et regarder les étoiles
plus silencieuses que la mer
que le vent et les insectes

Taisez-vous Tais-toi
c'est mon cœur qui bat
et que je n'entends pas
mais qui ne me l'envoie pas dire
et que j'écoute en vain
quand la nuit précède le silence
le sommeil ou la mort

Vous qui frappez à ma porte
sachez que je ne réponds plus
je suis sourd comme un Soupault
et muet comme un cachalot

28 décembre 1982.

(*Digraphe*, juin 1983.)

295

FACE À FACE

Me voici un jour ou l'autre
presque seul comme nous tous
en face de toutes les semaines
vécues oubliées inconnues
en face de la pyramide de Chéops
et de milliers d'années
en face du soleil de minuit
à l'autre bout du monde
que reflètent encore les étangs de ma jeunesse
en face du soleil moribond
qui n'en a plus que pour quelques milliards
     d'années
à vivre aussi longtemps
que les milliards de secondes que j'ai vécues
ou qui me restent à vivre
peut-être sait-on jamais
et encore si mes souvenirs sont aussi exacts
que les murs de Machupichu
en face des pyramides du Yucatan
et des crépuscules en face de mon miroir
l'avenir et l'espoir de chaque matin
de chaque soir de chaque nuit
puisqu'il faut bien vivre
puisque l'on ne m'a jamais demandé de choisir

ni mon avis ni ma vie ni ma destinée
puisqu'on frappe chaque soir à ma porte
et que des rêves attendent au bord de mon lit
au rendez-vous des amis disparus
morts ou vivants on ne sait plus
que je reconnais un à un peu à peu
comme mes meilleurs amis les nuages
enfants du vertige
que je salue au passage
ils sont déjà disparus dès qu'on les regarde
fidèles compagnons du soleil
au chevet de son agonie quotidienne
lors de son dernier soupir comme un drapeau en lam-
    beaux
où il faut découvrir les profils des amis
ceux qui vont m'accueillir
la main tendue
ces mains tendues
comme autrefois
à l'aube
tous vous tous
ceux que je n'ai jamais oubliés
même ceux dont je ne me souviens plus du nom
et qui chevauchent les nuages esclaves du cré-
    puscule

Face à face seul en face de cette agonie
qui n'en finit jamais et quotidienne
puisque demain est un autre jour et d'autres
    jours
et que déjà s'approche la nuit mine de rien
cette même nuit toujours la même impitoyable
qui annonce le sommeil ou la mort
en dépit de sa planète morte depuis si longtemps
couleur de squelette couleur du souvenir

témoin pour le meilleur et pour le pire
et pourtant lumineux comme un reproche
toujours de profil automatique impitoyable comme un
    calendrier
maîtresse des marées et mère des catastrophes
dévoreuse des peuples impavide
qu'on déteste et qu'on admire tour à tour
belle comme un miroir
infidèle les jours de pluie et de misère
les jours d'ennuis et de mélancolie
il faut bien les oublier
et retrouver les traces des pas perdus
guidé par cette mémoire insolente
bourreau des insomnies
à travers tous les champs où fleurissent les regrets
toutes les occasions perdues peines perdues
avant et après les naufrages
au moment où l'on n'attend plus de salut
ni personne à qui se fier
les femmes et les enfants d'abord
celles qu'on avait abandonnées
et qu'on retrouvait comme si tout était encore une
    fois
à recommencer
naufrages en série
comme des anniversaires
mais voici échoué sur cette plage déserte
et qui était désertée une fois de plus
un homme celui qui voulait oublier
et qui croyait avoir tout oublié
un homme cerné par tous les coquillages
ces souvenirs que la mer crache et vomit
un homme qui sait et ne sait pas
si c'est l'aube ou l'aurore

C'est l'aurore cette lueur qui est l'espérance
qui est cette petite fille qui joue au cerceau
quand le soleil apparaît
celle qui saute à la corde
quand les nuages disparaissent
et ne sont plus que des songes
puis encore des lueurs incertaines
fugitives comme les doutes
voici le soleil invincible
vainqueur muet de la nuit
du sommeil et de l'insomnie
qui exige le silence
avant les fanfares et tout ce qui s'ensuit
avant le tumulte et les cloches du réveil
avant les regrets les remords
avant l'inventaire des rêves et des cauchemars
avant les fantômes des obligations quotidiennes
quand on sait qu'on ne peut échapper

Chacun son tour et tour à tour
pour le malheur ou le bonheur
Il faut savoir jouer tous les jours
pour le pire et pour le meilleur
Ne pas être impatient
puisque nous savons tous
que viendra le moment
où nous ne pourrons plus choisir
notre dernier mot notre dernier soupir

Dernier souvenir dernier nuage
qui va s'évaporer comme un adieu
Adieu mauvais jour mauvaise nuit
Bonjour bonne nuit et ainsi de suite
Mille bonsoirs de bonsoirs

Mille adieux
C'est à prendre ou à laisser
Bonne mort c'est la grâce que l'on souhaite
à Philippe Soupault

(*Fanal*, avril 1976.)

REPÈRES BIOGRAPHIQUES

1897   2 août, Philippe Soupault naît à Chaville, Seine-et-Oise, dans une famille de grande bourgeoisie : « le culte de l'argent, le *comme il faut*, l'hypocrisie et le mépris des parents pauvres. Quelques exceptions : mon père et un oncle qu'on considérait comme un *raté*. » Son père est un médecin célèbre. D'un de ses oncles, l'industriel Louis Renault, il fera un portrait féroce dans *Le Grand Homme*.

1904   Mort de son père : « Je n'ai jamais pu oublier cette première rencontre avec la mort. »
Études au collège Fénelon. Mauvais souvenir : « De sept heures et demie du matin jusqu'à sept heures du soir dans un collège dirigé et surveillé par des prêtres. » Peu de goût pour les études mais lecteur insatiable.

1911   Vacances en Allemagne à Oberlahnstein, près de Coblence. Découverte du voyage et de la liberté : « J'oubliais le lycée et tout le reste... C'était mon enfance qui s'éloignait et ce fleuve l'emportait sans mélancolie. »

1913   Vacances à Cabourg où il rencontre pour la première fois Marcel Proust qui connaissait sa famille.

1914   Séjour en Angleterre. C'est là qu'il se sent une vocation de poète, mais la guerre imminente le ramène en France.
Études au lycée Condorcet.
Sa famille ne concevant pas d'autre métier pour lui que la médecine ou le droit, il opte sans conviction pour le droit maritime : « Nous n'étions que deux candidats pour cet examen et le professeur de droit maritime fut trop heureux de nous féliciter... Cette option devait avoir quelques années plus tard une influence sur ma destinée. »

1916 Après un ajournement, il est incorporé comme cuirassier puis comme canonnier-conducteur affecté aux chevaux. Cobaye involontaire pour un vaccin contre la typhoïde, il manque mourir. Hospitalisé à Creil avant d'être renvoyé sur Paris et temporairement réformé.

1917 Mort de son ami René Deschamps à qui *Rose des vents* sera dédié. Réintégré dans le service auxiliaire, il ne sera démobilisé complètement que quatre ans plus tard.
Envoyé à Apollinaire, son premier poème, « Départ », est publié dans la revue *Sic*. Apollinaire l'encourage et lui dédicace *Alcools* : « Au poète Philippe Soupault, très attentivement. » « Je n'ai pas compris immédiatement ce que signifiait cette dédicace. Ce sont pourtant ces deux lignes qui m'ont décidé à accepter de n'être qu'un poète. » Publie son premier recueil, *Aquarium*, au grand scandale de sa famille. Aux mardis d'Apollinaire, il rencontre Reverdy, Cendrars, Max Jacob et un poète de son âge, André Breton.

1918 Breton lui présente un autre poète et médecin auxiliaire, Louis Aragon : « Autant Breton était sur ses gardes, autant Aragon cherchait à plaire. » Après la mort d'Apollinaire, les trois amis se rapprocheront de Reverdy : « Parmi tous les hommes et toutes les femmes que j'ai connus, Pierre Reverdy fut pour moi un exemple. »

1919 Toujours mobilisé comme bureaucrate au Commissariat des essences et pétroles. En mars 1919, grâce à un petit héritage de Soupault, paraît *Littérature*, revue dirigée par Breton, Aragon et Soupault. En juin, rédaction des *Champs magnétiques* par Breton et Soupault ; les premiers extraits en paraissent à la rentrée, en même temps que le recueil *Rose des vents*. *Littérature* est en contact avec Tristan Tzara à Zurich.

1920 En janvier Tzara arrive à Paris. Toute l'équipe de *Littérature* se rallie d'enthousiasme à dada ; d'où une suite de scandales où l'on bafoue le public. Soupault en est toujours un des principaux acteurs. « Ce qui importe, c'est de se souvenir que cette démolition était une des conditions nécessaires d'une remise en question. »

1921 13 mai : « Procès de Maurice Barrès » ; Soupault, qui partage la « défense » avec Aragon, réclame la tête de son client. Premières dissensions entre les dadaïstes.

1922 Breton et Tzara s'opposent violemment au cours de l'affaire du congrès de Paris qui marque la fin de dada. Publication de *Westwego*.

1923 En janvier paraît *La Revue européenne* que Soupault va diriger pendant sept ans ; il est également directeur littéraire aux éditions Kra. Publie deux romans : *Le Bon Apôtre* et *À la dérive*.

1924 Parution du *Manifeste du surréalisme* que Soupault ratifie sans réserve. Commence à voyager et fréquente les écrivains américains « exilés » à Paris. Publication intensive : *Les Frères Durandeau* (1924), *Le Voyage d'Horace Pirouelle* (1925), *Le Bar de l'amour* (1925), *En joue !* (1925).

1925 Entre comme reporter au *Petit Parisien*. Voyage à travers l'Europe.

1926 Nouveau recueil de poèmes : *Georgia*. En novembre Soupault, Artaud et Vitrac sont exclus du mouvement surréaliste.

1927 *Le Nègre*, roman, et *Histoire d'un Blanc*, essai autobiographique.

1928 *Les Dernières Nuits de Paris*, récit.

1929 Début des grands voyages qui l'amèneront à séjourner aux États-Unis, en URSS... Commence une chronique cinématographique à *L'Europe nouvelle*, qu'il tiendra jusqu'en 1934, date à laquelle il deviendra reporter pour *Excelsior*. Publie *Le Grand Homme* au grand déplaisir de son oncle Louis Renault qui songe à le faire poursuivre.

1934 Parution de son dernier roman, *Les Moribonds*. Requis par ses voyages, Soupault ne publie guère : « Les années vingt et trente ont été pour moi des années difficiles, très difficiles... J'ai dû accepter d'écrire beaucoup, trop peut-être et vite malheureusement. C'est pourquoi j'ai publié des romans, des articles dans les journaux et des revues, je lisais des manuscrits, je préparais une anthologie de la poésie française contemporaine... Je vivais ou je tentais de vivre, comme on dit, au jour le jour. Ce qui était dangereux. Je ne pouvais pas me plaindre. J'étais responsable. J'avais choisi. Poète, vagabond. Voyageur. Contestataire. »

1937 *Poésies complètes, 1917-1937.*

1938 Organise Radio-Tunis.

1939 Directeur de l'information (presse, radio, cinéma) à Tunis.

1940 En juin suspendu et radié de ses fonctions par le gouvernement de Vichy.

1942 Arrêté et incarcéré de mars à novembre à Tunis. « Les écrivains, les surréalistes en particulier, étaient, paraît-il, les responsables de la défaite de l'armée française en juin 1940. Il fallait faire des exemples. J'ai été un exemple. C'était flatteur mais assez pénible. » Relâché, il se réfugie à Alger.

1943 Directeur de Radio-Alger. Écrit l'*Ode à Londres bombardée* qui paraît l'année suivante en édition bilingue, traduite par le poète anglais Norman Cameron.

1944 Journaliste à l'A.F.P. chargé de reconstituer l'agence de presse dans les deux Amériques où il effectue un long voyage, s'arrêtant dans chaque pays.

1945 Visiting Professor à Swarthmore College, en Pennsylvanie.

1946 Rentré à Paris, tient un journal d'octobre 1945 à mars 1946 et le publie sous le titre *Journal d'un fantôme* : « Curieux et étonné par l'atmosphère parisienne après la Libération... J'étais devenu en quelque sorte un étranger, un touriste qui n'avait d'autre envie que d'observer les métamorphoses et les différences. » Directeur des émissions de radio vers l'étranger. Publie deux recueils : *Odes* et *L'Arme secrète*.

1947 Chargé de mission par l'UNESCO en Amérique du Sud, en Afrique, en Orient.

1949 *Chansons*.

1951 Devient producteur à la radio jusqu'à sa retraite en 1977. Nombreuses émissions sur la poésie et pièces radiophoniques (*Rendez-vous !*, 1957).

1953 *Sans phrases*, recueil de poèmes. Il ne publiera plus ensuite que des essais et des souvenirs (*Profils perdus*, 1963, *L'Amitié*, 1965). « Je n'imaginais pas (et l'expérience me l'avait prouvé) que mes contemporains puissent s'intéresser à mes écrits. Les démarches auprès des éditeurs ne me plaisaient pas. Paresse et orgueil. Et à quoi bon ? »

1973 *Poèmes et poésies, 1917-1973*. À partir de cette date, ses livres vont peu à peu être réimprimés, ses articles épars rassemblés : *Écrits de cinéma* (1979), *Écrits sur la peinture* (1980)... Rédige ses *Mémoires de l'oubli* et des poèmes.

1980 *Vingt mille et un jours*, recueil d'entretiens : « Je suis un homme qui préfère se croire un raté qu'une vedette. »

S.F.

BIBLIOGRAPHIE

POÉSIE :

Aquarium (Imprimerie Birault, 1917) ; *Rose des vents* (Au Sans Pareil, 1919 ; rééd. Lachenal & Ritter, 1981) ; *Les Champs magnétiques*, en collaboration avec André Breton (Au Sans Pareil, 1920 ; rééd. Gallimard, 1967, et collection Poésie/Gallimard, 1971) ; *L'Invitation au suicide* (Imprimerie Birault, 1922, tirage détruit) ; *Westwego* (Librairie Six, 1922 ; rééd. Lachenal & Ritter, 1981) ; *Georgia* (Les Cahiers libres, 1926) ; *Il y a un océan* (G.L.M., 1936) ; *Poésies complètes, 1917-1937* (G.L.M., 1937, premier recueil collectif) ; *Ode to the Bombed London* (Charlot, Alger, 1944) ; *Odes* (Seghers, 1946 ; rééd. Jacques-Marie Laffont, Lyon, 1980) ; *L'Arme secrète* (Bordas, 1946) ; *Message de l'île déserte* (Stols, La Haye, 1947) ; *Chansons du jour et de la nuit* (La Part du sable, Le Caire, 1949) ; *Chansons* (Eynard, Lausanne, 1949, recueil collectif des chansons) ; *Sans phrases* (Osmose-Editions Gizard, 1953) ; *Poèmes et poésies, 1917-1973* (Grasset, 1973, second recueil collectif) ; *Arc en ciel* (Valori Plastici, Rome, 1979) ; *Poèmes retrouvés* (Lachenal & Ritter, 1982) ; *Poésies pour mes amis les enfants* (Lachenal & Ritter, 1983) ; *Le Manuscrit original des « Champs magnétiques »*, en collaboration avec André Breton, fac-similié présenté par S. Fauchereau (Lachenal & Ritter, 1984).

ESSAIS, ÉTUDES, MÉMOIRES :

Carte postale (Les Cahiers libres, 1926) ; *Henri Rousseau* (Quatre chemins, 1927) ; *Guillaume Apollinaire ou Reflets de l'incendie* (Les Cahiers du Sud, Marseille 1927) ; *Histoire d'un Blanc* (Au Sans

Pareil, 1927) ; *Lautréamont* (Les Cahiers libres, 1927) ; *William Blake* (Rieder, 1928) ; *Terpsichore* (Hazan, 1928) ; *Jean Lurçat* (Les Cahiers d'art, 1928) ; *Paolo Uccello* (Rieder, 1929) ; *The American Influence in France* (University of Washington, 1930) ; *Charlot* (Plon, 1931 ; rééd. 1952, 1957) ; *Baudelaire* (Rieder, 1931) ; *Souvenirs de James Joyce* (Charlot, Alger, 1943 ; rééd. Belfond, 1979) ; *Eugène Labiche* (Le Sagittaire, 1945 ; rééd. Mercure de France, 1964) ; *Le Temps des assassins* (Éd. de la Maison française, New York, 1945) ; *Journal d'un fantôme* (Point du jour, 1946) ; *Lautréamont* (Seghers, 1946 ; rééd. 1973) ; *Henri Rousseau, le Douanier* (Skira, Genève, 1949) ; *Essai sur la poésie* (Eynard, Lausanne, 1950 ; rééd. Lachenal & Ritter, 1982) ; *Alfred de Musset* (Seghers, 1957) ; *Profils perdus* (Mercure de France, 1963) ; *L'Amitié* (Hachette, 1965) ; *Le Vrai André Breton* (Dynamo, Liège, 1966) ; *Apprendre à vivre* (Rijois, Marseille, 1977) ; *Écrits de cinéma 1918-1931* (Plon, 1979) ; *Vingt mille et un jours*, entretiens avec S. Fauchereau (Belfond, 1980) ; *Écrits sur la peinture* (Lachenal & Ritter, 1980, recueil collectif) ; *Mémoires de l'oubli* (Lachenal & Ritter, 1981).

ROMANS, RÉCITS :

Le Bon Apôtre (Kra-Le Sagittaire, 1923 ; rééd. Garnier, 1980) ; *À la dérive* (Ferenczi, 1923) ; *Les Frères Durandeau* (Grasset, 1924) ; *Le Voyage d'Horace Pirouelle* (Kra-Le Sagittaire, 1925 ; rééd. Lachenal & Ritter, 1983) ; *Le Bar de l'amour* (Émile-Paul, 1925) ; *En joue !* (Grasset, 1925 ; rééd. Lachenal & Ritter, 1980) ; *Corps perdu* (Au Sans Pareil, 1926) ; *Le Cœur d'or* (Grasset, 1927) ; *Le Nègre* (Kra, 1927 ; rééd. Seghers, 1975) ; *Les Dernières Nuits de Paris* (Calmann-Lévy, 1928 ; rééd. Seghers, 1975) ; *Le Roi de la vie*, contes (Les Cahiers libres, 1928) ; *Le Grand Homme* (Kra, 1929 ; rééd. Charlot, 1947 et Lachenal & Ritter, 1981) ; *Les Moribonds* (Rieder, 1934) ; *La Mort de Nick Carter* (Lachenal & Ritter, 1983 — texte paru en 1926 dans l'*Anthologie de la nouvelle prose française*, chez Kra).

THÉÂTRE :

S'il vous plaît et *Vous m'oublierez*, en collaboration avec André Breton, 1920 (repris à la suite des *Champs magnétiques*, Gallimard, 1967) ; *Tous ensemble au bout du monde* (Charlot, Alger, 1943 ; rééd. 1947) ; *Rendez-vous !* (Les *Lettres nouvelles*, septembre et octobre 1957) ; *Le Sixième Coup de minuit* (Privat, Toulouse, 1973) ; *À vous de jouer !*, cinq pièces de théâtre (Jacques-Marie Laffont, Lyon, 1980).

CONSULTER :

Maurice Nadeau, *Histoire du surréalisme* (Le Seuil, 1945) ; Henri-Jacques Dupuy, *Philippe Soupault* (Seghers, 1957) ; Michel Sanouillet, *Dada à Paris* (Pauvert, 1965) ; Serge Fauchereau, *Expressionnisme, dada, surréalisme et autres ismes* (Denoël, 1976).

Note de l'éditeur

Le lecteur trouvera intégralement reproduits dans ce volume *Westwego*, *Georgia*, *Épitaphes* et *Chansons, 1921*, contrairement aux autres titres qui sont représentés par un choix. Les dates figurant dans le texte à la suite des titres sont indiquées par l'auteur dans *Poèmes et poésies, 1917-1973* et dans *Poèmes retrouvés*. Tous les poèmes inclus entre *Épitaphes* et *Sang Joie Tempête* ont paru pour la première fois en volume en 1937 dans *Poésies complètes, 1917-1937* et *Crépuscules* en 1973 dans *Poèmes et poésies, 1917-1973*.

Les sept poèmes dont les titres, dans la table des matières, sont précédés d'un astérisque sont inédits en volume.

* Les poèmes dont les titres, dans la table des matières, sont précédés d'un
astérisque sont inédits en volume.

DU MÊME AUTEUR

POÈMES ET POÉSIES, Grasset.
POÈMES RETROUVÉS, Lachenal & Ritter.
POÉSIES POUR MES AMIS LES ENFANTS, Lachenal
& Ritter.

dans Poésie/Gallimard :

LES CHAMPS MAGNÉTIQUES, suivi de S'IL VOUS PLAÎT et
de VOUS M'OUBLIEREZ (en collaboration avec André
Breton). *Préface de Philippe Audoin.*

Ce volume,
le cent quatre-vingt-treizième de la collection Poésie,
composé par SEP 2000,
a été achevé d'imprimer sur les presses
de l'imprimerie Bussière à Saint-Amand (Cher),
le 11 décembre 1984.
Dépôt légal : décembre 1984.
Numéro d'imprimeur : 2951.
ISBN 2-07-032274-2. Imprimé en France.

34661